Der Sprachführer

Schwedisch

Mehr Kontakt zu Land und Leuten

Herausgegeben von Ethem Yılmaz
Bearbeitet von Claudia Quadflieg-Taylor

Max Hueber Verlag

Herausgeber der Reihe „Der Sprachführer":
Ethem Yılmaz

Bildnachweis
Braun & Voigt, Heidelberg: 11; Reiner Griguhn, Essen: 29, 32, 76, 102, 107;
Mehmet Tançgil, Düsseldorf: 21, 53; Schweden-Werbung, Hamburg:55;
Vural Uysun, Bochum: 90; Mehmet Unay, Düsseldorf: 93; Tuncay Supcun,
Bochum: 94

3. 2. 1.	Die letzten Ziffern
2001 2000 99 98	bezeichnen Zahl und Jahr des Druckes.

Alle Drucke dieser Auflage können, da unverändert,
nebeneinander benutzt werden.
1. Auflage
© 1998 Sonderausgabe des Herausgebers Ethem Yılmaz
für den Max Hueber Verlag, D-85737 Ismaning
Umschlagfoto: Bavaria Bildagentur, Gauting (© David Ball)
Layout: Birol Aslankaya, Köln
Druck: Laupenmühlen Druck, Bochum
Printed in Germany
ISBN 3-19-005264-6

Inhalt

Unterkunft 55

Gastronomie 64

Einkaufen 76

Behörden und Bank **110**

Einführung

Groß im Inhalt, klein im Preis – wir freuen uns, daß Ihre Wahl auf den neuen Sprachführer gefallen ist.
Was die kleinen Neuen von Hueber ganz groß macht, verraten die besonderen Details von A bis Z.

Aktuell: die Vielzahl praktischer Sätze und Formulierungen. Übersichtlich gegliedert, garantieren sie, daß Sie sich in allen wichtigen Situationen bestens in Ihrem Gastland verständigen können.

Farbe: durch farbige Orientierungshilfen können Sie die einzelnen Kapitel schnell und ohne umständliches Nachschlagen finden.

Grammatik: einige grundlegende Grammatikregeln vermitteln einen Einblick in den Aufbau der Sprache.

Hilfreich: die neue Lautschrift, die so einfach ist, daß sie jeder versteht.

Insidertips: die Fülle landeskundlicher Details. Man erfährt Genaues über regionale und kulturelle Besonderheiten, wo man sich abends trifft und, und, und. Kurz: wie man Land und Leuten näherkommt.

Ungewöhnlich: das umfassende Wörterbuch. Vom Deutschen ins Schwedische und vom Schwedischen ins Deutsche bietet es mit mehr als 2400 Stichwörtern eine große Palette für individuelle Ausdrucksmöglichkeiten.

Zusätzlich: ein Kapitel für das Reisen mit Kindern.

Mit anderen Worten: die handlichen Begleiter für unterwegs sind prall gefüllt mit allem, was Ihre Reise zu einem ganz außergewöhnlichen Erlebnis macht.

Anrede

i

Da man sich in Schweden im allgemeinen duzt, ist die gängige Anrede *du*, wenn man eine Person, und *ni*, wenn man mehrere Personen anspricht. *Ni* zur Anrede von einer Person wird dann verwendet, wenn man jemandem mit besonderem Respekt begegegnen will. Es kann vorkommen, daß ältere Menschen die 3. Person verwenden, wenn sie jemanden ansprechen.

Herr …	herr …	herr …
Frau …	fru …	frü …
du/Sie (eine Person)	du	dü
ihr/Sie (mehrere Personen)	ni	ni
Sie (förmlich, eine Person)	ni	ni

Begrüßung

Guten Morgen!	God morgon!	gu morron!
Guten Tag!	Goddag!	guddahg!
Hallo!	Hej!	hej!
Guten Abend!	God afton!	gu afton!
Wie geht es Ihnen/euch/dir?	Hur mår du?	hür mohr dü?
Danke, gut.	Bra, tack.	brah, tack.
Herzlich willkommen!	Hjärtlig välkommen!	järtli wälkommen!
Ich freue mich! /Wir freuen uns!	Jag gläder mig! /Vi gläder oss!	jah glädr mej! /vi glädr oss!

Persönliches

Ich heiße Lars/Britta.	Jag heter Lars/Britta.	jah hehtr lahsch/britta.
Wie heißt du?	Vad heter du?	wah hehtr dü?
Sind Sie Herr/Frau Svensson/…?	Är du herr/Fru Svensson/…?	eh dü herr/frü swensson/…?
Ja, ich bin Herr/Frau Svensson/…	Ja, jag är Herr/Fru Svensson/…	jah, jah eh herr/frü swensson/…

Nein, ich bin Herr/Frau Lund/...	Nej, jag är Herr/Fru Lund/...
	nej, jah eh herr/frü lund/...
Wie ist Ihr Vorname?	Vad är ditt förnamn?
	wah eh ditt förnammn?
Mein Vorname ist Andreas/...	Mitt förnamn är Andreas/...
	mitt förnammn eh andreas/...
Wie ist Ihr Familienname?	Vad är ditt efternamn?
	wah eh ditt äftrnammn?
Mein Familienname ist Müller/...	Mitt efternamn är Müller/...
	mitt äftrnammn eh müller/...
Wann sind Sie geboren?	När är du född?
	när eh dü född?
Ich bin am 07.03.1960/... geboren.	Jag är född den 07.03.1960/...
	jah eh född denn schunde masch
	nittonhundrasexti/...
Wo sind Sie geboren?	Var är du född?
	wahr eh dü född?
Ich bin in Bonn/... geboren.	Jag är född i Bonn/...
	jah eh född i bonn/...
Wo wohnen Sie?	Var bor du?
	wahr buhr dü?
Ich wohne in Berlin/...	Jag bor i Berlin/...
	jah buhr i berlin/...
Sind sie verheiratet?	Är du gift? eh dü jifft?
Nein, ich bin ledig.	Nej, jag är ogift.
	nej, jah eh uhjifft.
Ja, ich bin verheiratet.	Ja, jag är gift.
	jah, jah eh jifft.
Haben Sie Kinder?	Har du barn?
	har dü bahrn?
Nein, ich habe keine Kinder.	Nej, jag har inga barn.
	nej, jah hahr inga bahrn.
Ja, ich habe Kinder.	Ja, jag har barn.
	jah, jah hahr bahrn.

Wortliste Persönliches

Alter	**Ehemann**	**Familie**
ålder olldr	make	familj famillj
Anschrift	mahke	**Familienname**
adress adress	**Ehepaar**	efternamn äftrnammn
Ehefrau	äkta par	**Frau**
hustru hüstrü	äkta pahr	fru frü

Geburtsort	**ledig**	**Tochter**
födelseort	ogift uhjifft	dotter dottr
föhdelseurt	**männlich**	**verheiratet**
Geburtsdatum	manlig mannli	gift jifft
födelsedatum	**Name**	**Vorname**
föhdelsedahtüm	namn	förnamn
heißen	nammn	föhrnammn
heta heta	**Nationalität**	**weiblich**
Herr	nationalitet	kvinnlig
herr herr	naschunaliteht	kwinnli
Kind	**Religion**	**wohnen**
barn bahrn	religion religion	bo bu
Identität	**Sohn**	**Wohnort**
identitet identiteht	son sohn	hemvist hemmwisst

Schule/Studium/Beruf

Was sind Sie von Beruf?	Vad har du för yrke?
	wah hahr dü för yrke?
Ich bin Lehrer/-in.	Jag är lärare. jah eh lärare.
Was machst du?	Vad gör du? wah jöhr dü?
Ich bin arbeitslos/pensioniert.	Jag är arbetslös/pensionerat.
	jah eh arbetslös/pangschunehrat.
Ich gehe zur Schule/auf das	Jag går i skolan/på gymnasiet.
Gymnasium.	jah gohr i skulan/po jymnahsiet.
Ich bin Student/-in.	Jag är studerande. jah eh stüdehrande.
Was für Hobbys hast du?	Vad har du för hobbies?
	wah hahr dü för hobbihs?
Ich spiele Fußball.	Jag spelar fotboll. jah spelar fuhtboll.
Mein Hobby ist Reisen/...	Min hobby är att resa/...
	min hobbi eh att resa/...

Wortliste Schule/Studium/Beruf

Angestellte/-r	**Ausbildung**	**Beamter/Beamtin**
tjänstman chänstemann	utbildning	tjänsteman
Apotheker/-in	ütbildning	chänstemann
apotekare aputehkare	**Automechaniker**	**Beruf**
Arbeiter/-in	bilmekaniker	yrke yrke
arbetare arbetare	bihlmekahnikr	**Berufsschule**
Arzt/Ärztin	**Bäcker**	yrkesskola
läkare läkare	bagare bahgare	yrkesskula

Briefträger/-in
brevbärare brehwbährare
Buchhalter/-in
bokhållare
bukhollare
Dolmetscher/-in
tolk tollk
Elektriker/-in
elektriker elecktrikr
Fakultät
fakultet fakülteht
Fischer fiskare fiskare
Friseur/Friseuse
frisör frisöhr
Geschäftsführer
föreståndare
förestonndare
Goldschmied
guldsmed guldsmed
Grundschule
grundskola
grundskula
Gymnasium
gymnasium
jymnahsiüm
Handwerker
hantverkare
hantvärkare
Hausfrau
hemmafru hämmafrü
Hausmeister
portvakt purtwakt
Hochschule
högskola
höhgskula
Ingenieur/-in
ingenjör inschenjöhr
Juwelier
juvelerare juwelehrare
Kaufmann/Kauffrau
köpman chöhpmann
Kellner/-in
servitör serwitöhr,
servitris serwitriss

Kindergärtnerin
förskollärare
föschkullärare
Krankenschwester
sjuksköterska
schükschöteschka
Künstler/-in
konstnär konstnähr
Landwirt/-in
jordbrukare juhrdbrükare
Lehrer/-in
lärare/-rinna lärare/-rinna
Lehrling
lärling lärling
Maler/-in
målare molare,
målarinna molarinna
Mechaniker/-in
mekaniker mekahnikr
Metzger slaktare slaktare
Musiker/-in
musiker musikr
Optiker/-in
optiker optikr
Polizist/-in
polis polihs
Rechtsanwalt
advokat advukaht
Reiseleiter/-in
reseledare reseledare
Rentner/-in
pensionär
pangschunisst
Richter/-in
domare dumare
Schauspieler/-in
skådespelare/-selerska
skodespelare/-leschka
Schlosser
låssmed
lossmehd
Schneider/-in
skräddare skräddare,
sömmerska sömmeschka

Schreiner/-in
snickare snickare
Schriftsteller
författare författare
Schuhmacher/-in
skomakare skumahkare
Schule
skola skula
Schüler
elev elehw
Sekretär/-in
sekreterare sekretehrare
Steuerberater/-in
skattekonsult
skattekonsult
Student/-in
studerande stüdehrande,
student stüdennt
Studium
studier stüdier
Taxifahrer
taxichaufför
taxischofföhr
Techniker/-in
tekniker tecknikr
Tischler
snickare snickare
Übersetzer/-in
översättare öweschättare
Uhrmacher
urmakare
ührmahkare
Verkäufer/-in
expedit
expediht
Vertreter/-in
representant
representannt
Zahnarzt/Zahnärztin
tandläkare
tandläkare
Zimmermann
byggnadssnickare
byggnadssnickare

15

Sprechen Sie Deutsch/Englisch/ Schwedisch/...?
Talar du tyska/engelska/svenska/...?
tahlar dü tyska/engelska/swennska/...?

Ich spreche etwas Deutsch/...
Jag talar lite tyska/...
jah tahlar lite tysska/...

Verstehen Sie mich/uns?
Förstår dumig/oss?
föschtohr dü mej/oss?

Sprechen Sie bitte langsam.
Var snäll och tala långsam.
wahr snäll ock tahla longsamm.

Ich verstehe Sie.
Jag förstår dig.
jah föschtohr dej.

Ich verstehe Sie nicht.
Jag förstår dig inte.
jah föschtohr dej inte.

Wie heißt das auf schwedisch?
Vad heter det på svenska?
wah hehtr deh po swennska?

Was bedeutet *lagom*/...?
Vad betyder **lagom**/...?
wah betyhdr lahgom/..?

Schreiben Sie es mir bitte auf.
Var snäll och skriv upp det åt mig.
war snäll ock skrihw upp deh ot mej.

Wiederholen Sie bitte.
Var snäll och repetera.
wahr snäll och repetehra.

Wie bitte?
Förlåt? förloht?

Wortliste Verständigung

ausprechen
uttala
ühttahla

Schwedisch (Sprache)
svenska
swennska

Deutsch (Sprache)
tyska
tysska

Englisch (Sprache)
engelska engelska

langsam
långsam
longsamm

lernen
lära sig lära sej,
läsa läsa

lesen
läsa
läsa

schnell
hastig
hasti

schreiben
skriva
skriwa

Sprache
språk sprok

sprechen
tala tahla

übersetzen
översätta
öhwrschätta

Verständigung
förståelse
föschtoh-else,
kommunikation
kommünikaschuhn

verstehen
förstå föschtoh

wiederholen
repetera repetehra

Hilfe für Behinderte

Gibt es hier/in ... behindertengerechte Einrichtungen?
Finns det här /i ... inrättningar för handikappade?
finns deh här/i ... innrättningar för hanndikappade?

Ich bin körperbehindert/gehbehindert.
Jag är handikappad/rörelsehindrad.
jah eh hanndikappad/röhrelsehindrad.

Könnten Sie mir bitte behilflich sein?
Kan du vara snäll och hjälpa mig?
kan du wahra snäll och jälpa mej?

Ich höre/sehe schlecht.
Jag hör/ser dåligt.
jah hör/sehr dolit.

Sprechen Sie bitte etwas lauter.
Var snäll och tala lite högre.
wahr snäll ock tahla lite höhgre.

Schreiben Sie das bitte auf.
Var snäll och skriv upp det.
wahr snäll ock skrihw upp deh.

Wo ist der/die behindertengerechte Zugang/Tür/Toilette/...?
Var ligger handikapp-ingången/-dörren/-toaletten/...?
wahr liggr hanndikapp-inngongen/-dörren/-toaletten/...?

Ist es für Rollstühle geeignet?
Är det lämpligt för rullstolar?
eh deh lämplit för rullstolar?

Ich brauche jemanden, der mich begleitet/mir hilft/...
Jag behöver någon,som följer med mig/hjälper mig/... jah behöhwr nohgon, somm fölljr meh mej/jälpr mej/...

Bitten

Darf ich Sie/dich um einen Gefallen bitten?
Får jag be dig om en tjänst?
fohr jah beh dej omm enn chänst?

Können Sie mir/uns bitte helfen?
Kan du vara snäll och hjälpa mig/oss?
kann dü wahra snäll ock jälpa mej/oss?

Bringen/Geben Sie mir bitte eine deutsche Zeitung.
Var snäll och hämta åt mig/ge mig en tysk tidning.
wahr snäll ock hämmta ot mej enn tysk tihdning.

Zeigen Sie mir/uns bitte den Weg zum Busbahnhof.
Var snäll och visa mig/oss vägen till busstationen.
wahr snäll ock wisa mej/oss wägen till busstaschuhnen.

Gestatten Sie?
Tillåter ni(/du)?
tillohtr ni(/dü)?
Förlåt? förloht?

Bitte sehr!
Var så god!
waschegu!

Darf ich?
Får jag? fohr jah?

Danken

Danke.	Tack. tack.
Vielen Dank!	Tack så mycket! tack so mycke!
Vielen Dank für Ihre Hilfe/Mühe.	Tack så mycket för hjälpen/besväret. tack so mycke för jälpen/beswähret.
Keine Ursache!	Ingen orsak! ingen uhschak!
Gern geschehen.	Det var så lite. deh wahr so lite.
Bitte sehr.	För all del. för all dehl.

Entschuldigung

Entschuldigung!	Förlåt!/Ursäkta! förloht!/üschäkta!
Entschuldigen Sie bitte!	Jag ber om ursäkt! jah behr omm ühschäckt!
Ich muß mich bei Ihnen/dir entschuldigen!	Jag skulle vilja be dig om ursäkt! jah skulle willja beh dej omm ühschäkt!
Es war nicht so gemeint!	Jag menade det inte så! jah menade deh inte so!
Das tut mir sehr leid!	Jag är mycket ledsen! jah eh mycke lessen!

Ja

Sehr gern.	Mycket gjärna. mycke järna.
Natürlich.	Naturligtvis. natürlitwihs.
Sehr gut.	Mycket bra. mycke brah.
Das gefällt mir.	Det tycker jag om. deh tyckr jah omm.
Prima.	Jättebra/Fint. jättebrah/fihnt.
Ich bin sehr zufrieden.	Jag är mycket nöjd. jah eh mycke nöijd.

Nein

Auf keinen Fall.	Absolut inte. absolüt inte.
Das ist sehr schlecht.	Det är mycket dåligt. deh eh mycke dolit.
Das gefällt mir nicht.	Det tycker jag inte om. deh tyckr jah inte omm.
Das möchte ich nicht.	Det vill jag inte. deh will jah inte.
Das kann ich leider nicht.	Tyvärr kan jag det inte. tywärr kann jah deh inte.

Vielleicht

Vielleicht ein anderes Mal.	Kanske en annan gång.
	kannsche ennannangong.
Vielleicht.	Kanske. kannsche.
Wahrscheinlich.	Troligtvis. truhlitwihs.
Ich weiß noch nicht.	Det vet jag inte än.
	deh weht jah inte änn.
Das ist mir egal.	Det spelar ingen roll.
	deh spelar ingen roll.
Wie Sie möchten.	Som du vill.
	somm dü will.

Verabredung

Treffen wir uns morgen abend/...?	Ska vi ses imorgon kväll/...?
	skah wi sehs imorron kwäll/...?
Wollen wir morgen abend/...	Ska vi gå ut tillsammans imorgon kväll/...?
zusammen ausgehen?	skah wi go üt tillsammans imorron kwäll/...?
Wollen wir Samstag abend/...	Ska vi gå ut och dansa på lördag kväll/...?
tanzen gehen?	skah wi go üt ock dannsa po lörda kwäll/...?
Darf ich Sie/dich zum Essen/...	Får jag bjuda ut dig på mat/...?
einladen?	fohr jah bjüda dej ülıt po maht/...?
Nein, ich habe schon eine	Nej, jag har redan ett avtalat möte.
Verabredung.	nej, jah har redan ett ahwtahlat möte.
Wir können uns am Freitag abend/	Vi kan träffas på fredag kväll/...
... treffen.	wi kann träffas po freda kwäll/...
Treffen wir uns um 20.00 Uhr/... im	Ska vi träffas klockan åtta/... på restaurang/...?
Restaurant/...?	skah wi träffas klockan otta/... po restoranng/...?
Ich hole Sie/dich vom Hotel/... ab.	Jag hämtar dig från hotellet/...
	jah hämta dej fron hotellet/...
Ich bringe Sie nach Hause/...	Jag följer dig hem/...
	jah följr dej hemm/...
Wollen wir uns noch einmal treffen?	Ska vi träffas igen?
	skah wi träffas ijenn?
Vielen Dank für den netten Abend.	Tack för en trevlig kväll.
	tack för enntrehwli kwäll.
Nein, ich möchte nicht.	Nej, jag vill inte.
	nej,jah will inte.
Nein, lassen Sie mich bitte in Ruhe.	Nej, var snäll och låt mig vara i fred.
	nej, wahr snäll ock lot mej wahra i frehd.

Abschied

Ich muß mich verabschieden.	Jag måste säga adjö.
	jah mosste säija adjö.
Auf Wiedersehen!	Adjö!
	adjö!
Tschüs!	Hej då!
	hej do!
Bis bald/morgen!	Vi ses snart!/vi ses imorgon!
	wi sehs snart!/ wi sehs imorron!
Gute Nacht!	God natt!
	gu natt!
Gute Reise!	Trevlig resa!
	trehwli resa!
Grüßen Sie Ihre/-n Frau/	Hälsa din hustru/make från mig/oss!
Mann von mir/uns!	hällsa din hüstrü/mahke fron mej/oss!
Viel Vergnügen!	Mycket nöje!
	mycke nöije!

Glückwunsch

Herzlichen Glückwunsch!	Hjärtliga gratulationer!
(Sieg, Erfolg)	järtliga gratulaschuhnr!
Herzlichen Glückwunsch zum	Hjärtliga gratulationer på födelsedagen/...!
Geburtstag/...!	järtliga gratulaschuhnr po föhdelsdahgen/...!
Gute Besserung!	Krya på dig! krya poh dej!
Alles Gute!	Ha det så bra! hah deh so brah!
Viel Glück!	Lycka till! lycka till!
Frohe Ostern/Pfingsten!	Glad påsk/pingst!
	glahd possk/pingst!
Frohe Weihnachten!	God jul! gu jül!
Ein frohes Neues Jahr!	Gott nytt år! gott nytt ohr!
Viel Erfolg!	Lycka till! lycka till!

Grundzahlen

0	noll		**10**	tio *tije*
	noll		**11**	elva *ellwa*
1	en/ett		**12**	tolv *tollw*
	ehn/ett		**13**	tretton
2	två *two*			*tretton*
3	tre *tre*		**14**	fjorton
4	fyra			*fjurton*
	fyra		**15**	femton
5	fem			*femmton*
	femm		**16**	sexton
6	sex *sex*			*sexton*
7	sju *schü*		**17**	sjutton
8	åtta			*schutton*
	otta		**18**	arton *arton*
9	nio		**19**	nitton *nitton*
	nije		**20**	tjugo *chüge*

Ordnungszahlen

1.	första		**10.**	tionde *tijonde*
	förschta		**11.**	elfte *ellfte*
2.	andra		**12.**	tolfte *tollfte*
	andra		**13.**	trettonde
3.	tredje			*trettonde*
	trehdje		**14.**	fjortonde
4.	fjärde			*fjurtonde*
	fjärde		**15.**	femtonde
5.	femte			*femmtonde*
	femmte		**16.**	sextonde
6.	sjätte			*sextonde*
	schätte		**17.**	sjuttonde
7.	sjunde			*schuttonde*
	schunde		**18.**	attonde *artonde*
8.	åttonde		**19.**	nittonde
	ottonde			*nittonde*
9.	nionde		**20.**	tjugonde
	nijonde			*chügonde*

1997 nittonhundranittiosju
nittonhundranittischü

Man zählt fortlaufend, indem man die Einerzahl an dieZehnerzahl
anhängt.

21 tjugoen chügeehn	**21.** tjugoförsta chügeföschta
22 tjugotvå chühgetwo	**22.** tjugoandra chügeandra
23 tjugotre chügetre	**23.** tjugotredje chügetredje
30 trettio tretti	**30.** trettionde trettionde
31 trettioen trettiehn	**31.** trettioförsta trettiföschta
32 trettiotvå ttrettitwo	**32.** trettioandra trettiandra
40 fyrtio förti	**40.** fyrtionde förrtionde
50 femtio femmti	**50.** femtionde femmtionde
60 sextio sexti	**60.** sextionde sextionde
70 sjuttio schutti	**70.** sjuttionde schuttionde
80 åttio otti	**80.** åttionde ottionde
90 nittio nitti	**90.** nittionde nittionde
100 (ett) hundra	**100.** hundrade
(ett) hundra	hundrade
101 etthundraett	**101.** hundraförsta
etthundraett	hundraföschta
200 tvåhundra	**200.** tvåhundrade
twohundra	twohundrade
1000 (ett) tusen	**1000.** tusende
(ett) tüsen	tüsende
2000 tvåtusen	**2000.** tvåtusende
twotüsen	twotüsende

Maße/Gewichte

1 Gramm	**1 Kilogramm**	**1 Kilometer**
1 gram	1 kilogram	1 kilometer
ett gramm	ett chilugramm	en chilumehtr
1 Liter	**1 Meter**	**1 Millimeter**
1 liter	1 meter	1 millimeter
en lihtr	en mehtr	en millimehtr
1 Paar	**1 Packung**	**1 Pfund**
1 par	1 packe	1 pund
ett pahr	en packe	ett pund
1 Stück	1 Teil	**1 Zentimeter**
1 stycke	1 del	1 centimeter
ett stycke	en dehl	en sentimehtr

Uhrzeit

Stunde	Viertelstunde	halbe Stunde	Dreiviertelstunde	Minute	Sekunde
timme	kvart	halvtimme	tre kvarts timme	minut	sekund
timme	kvart	hallwtimme	tre kwarts timme	minüht	sekunnd

Man fragt folgendermaßen nach der Uhrzeit:

Wieviel Uhr ist es?
Hur mycket är klockan?
hür mycke eh klockan?

Die Antwort lautet:

Es ist 9.00 Uhr.
Klockan är nio.
klockan eh nije.

Es ist 10.30 Uhr.
Klockan är halv elva.
klockan eh hallw ellwa.

Es ist Viertel nach vier.
Klockan är kvart över fyra.
klockan eh kwart öwr fyra.

Es ist Viertel vor sechs.
Klockan är kvart i sex.
klockan eh kwart i sex.

Es ist zwanzig (Minuten) nach sieben.
Klockan är tjugo (minuter) över sju.
klockan eh chüge (minühtr) öwr schü.

Es ist sieben (Minuten) vor halb acht.
Klockan är sju (minuter) i halv åtta.
klockan eh schü (minühtr) i hallw otta.

Es ist fünf (Minuten) nach halb acht.
Klockan är fem (minuter) över halv åtta.
klockan eh femm (minühtr) öwr hallw otta.

Es ist zwanzig vor zehn.
Klockan är tjugo i tio.
klockan eh chüge i tije.

Um wieviel Uhr treffen wir uns?
Hur dags ska vi träffas?
hür dahgs ska wi träffas?

Wir treffen uns um zwei.
Vi ska träffas klockan två.
wi skah träffas klockan two.

In einer Stunde.
Om en timme. omm en timme.
In einer halben Stunde.
Om en halvtimme.
omm enn hallwtimme.

Es ist zu spät/früh.
Det är för sent/tidigt.
deh eh för sehnt/tihdit.

Gegen 5.00 Uhr.
Omkring klockan fem.
ommkring klockan femm.

Zwischen 8 und 9 Uhr.
Mellan klockan sex och nio.
mellan klockan sex ock nije.

Gegen 8.30 Uhr.
Omkring halv nio.
ommkrinng hallw nije.

Verschiedene Zeitangaben

am Tage/im Laufe des Tages/	på dagen/under dagens lopp/på morgnarna	
morgens	po dahgen/undr dahgens lopp/po mornarna	
nachmittags/abends	på eftermiddagarna/på kvällarna	
	po äftrmiddahgarna/po kwällarna	
vormittags/mittags	på förmiddagarna/mitt på dagen	
	po förmiddagarna/mitt po dahgen	
täglich/heute/morgen	dagligen/idag/imorgon dahgligen/idahg/imorron	
gestern/vorgestern	igår/i förrgår igohr/i förrgohr	
nachts/um Mitternacht	på nätterna/vid midnatt po nätterna/wihd midnatt	
übermorgen/am Wochenende	i övermorgon/på helgen i öhwrmorron/po helljen	

Datum

Den Wievielten haben wir heute/	Vad är det för datum idag/imorgon?
morgen?	wah eh deh för dahtum idahg/imorron?
Heute/Morgen ist der 12. Dezember.	Idag/imorgon är det den tolfte december.
	idahg/imorron eh denn tollfte desemmbr.
Ich komme am 5. dieses/nächsten	Jag kommer den femte denna/nästa månad.
Monats.	jah kommr denn femmte denna/nästa monad.
Ich bleibe bis zum 10. März.	Jag stannar till den tionde mars.
	jah stannar till denn tionde masch.
Ich reise am 20. Juli ab.	Jag reser den tjugonde juli.
	jah rehsr denn chügonde jüli.
Bochum, den 10.05.1930.	Bochum, den tionde maj nittonhundratretti.
	bochum, denn tionde maj nittonhundratretti.

Wochentage

Montag	måndag	monnda	**Freitag**	fredag	freda
Dienstag	tisdag	tisda	**Samstag**	lördag	lörda
Mittwoch	onsdag	unsda	**Sonntag**	söndag	sönnda
Donnerstag	torsdag	tuschda			

Monate

Januar	januari janüahri		**Juli**	juli jüli	
Februar	februari febrüahri		**August**	augusti augusti	
März	mars masch		**September**	september septembr	
April	april april		**Oktober**	oktober oktobr	
Mai	maj maj		**November**	november nuwembr	
Juni	juni jüni		**Dezember**	december desembr	

Jahreszeiten

Frühling	Sommer	Herbst	Winter
vår wohr	sommar sommar	höst hösst	vinter wintr

Feiertage in Schweden

i Man feiert Mittsommer und damit die kürzesten Nächte des Jahres am auf den 24. Juni folgenden Wochenende mit Festlichkeiten und Tanz um eine Art Maibaum.
An einem Abend nach dem zweiten Mittwoch im August versammeln sich Familie und Freunde mit Papierhüten und Lätzchen zum Krebsessen, wobei traditionelle Tischlieder gesungen werden.
Als die längste Nacht des Jahres galt früher die Nacht des Luciafestes. Der Morgen beginnt mit der Prozession eines Mädchens mit einem Lichterkranz im Haar und ihrem Gefolge durch Krankenhäuser, Betriebe und Schulen. Gesungen werden spezielle Lucia- und Weihnachtslieder.

Neujahr (1. Januar)	nyår nyohr
Dreikönigstag	trettondagen trettondahgen
Fastnachtsdienstag	fettisdag fehttihsdahg
Aschermittwoch	askonsdagen askonsdahgen
Karfeitag	långfredag longfrehda
Ostern	påsk possk
Ostermontag	annandag påsk annandahg possk
Walpurgisnacht (30. April)	valborgsmässoafton wahlborjsmässuafton
1. Mai	första maj föschta maj
Christi Himmelfahrt	Kristi Himmelfärdsdag kristi himmelfärdsdahg
Pfingsten	pingst pingst
Pfingstmontag	annandag pingst annandahg pingst
Mittsommernacht (24. Juni)	midsommar middsommar
„Krebspremiere" (Mitte August)	kräftpremiären kräfftpremiähren
Allerheiligen (1. November)	allhelgonadag allhellgonadahg
Luciafest (13. Dezember)	Luciafest lusíafest
Heiliger Abend	julafton jühlafton
1. Weihnachtsfeiertag	juldagen jühldahgen
2. Weihnachtstag	annandag jul annandahg jül
Silvesterabend	nyårsafton nyohschafton

i

In Schweden ist es wärmer, als die nördliche Lage vermuten
ließe. Allerdings gibt es in dem großen Land mit einer Länge
von 1570 km beachtliche klimatische Unterschiede von Nor-
den nach Süden.

Hält man sich im Winter im Norden auf, empfindet man die
Kälte wegen der geringen Luftfeuchtigkeit nicht als unan-
genehm. In Winternächten lassen sich dort auch Nordlichter
beobachten.

Im Sommer kann es sehr heiß werden. Östliche Hochs sorgen
für ein stabiles, sonniges Wetter. Die hellen Nächte – selbst in
Stockholm wird es im Juni nie ganz dunkel – machen es
möglich, daß man im Sommerurlaub in Schweden die Sonne
länger genießen kann als in südlicheren Teilen Europas.

Wie wird das Wetter heute/morgen?	Hur blir vädret idag/imorgon?
	hür blir wähdret idahg/imorron?
Es bleibt schön/schlecht/...	Det vackra/dåliga/... vädret fortsätter.
	deh wackra/doliga/... wähdret furtschättr.
Es wird warm/kalt/...	Det blir varmt/kallt/...
	deh blir warmt/kallt/...
Es wird wärmer/kälter/...	Det blir varmare/kallare/...
	deh blir warmare/kallare/...
Es wird regnen/schneien/...	Det kommer att regna/snöa/...
	deh kommr att rägna/snöa/...
Aus welcher Richtung kommt der Wind?	Från vilket håll kommer vinden?
	fron wilket holl kommr winden?
Der Wind kommt aus Norden/ Osten/ Süden/Westen.	Vinden kommer från norr/öster/söder/väster.
	winden kommr fron norr/össtr/söhdr/wässtr.
Es sieht nach Sturm/... aus.	Det ser ut att bli storm/...
	deh sehr üt att bli storm/...
Wieviel Grad haben wir?	Hur många grader är det ute?
	hür monga grahdr eh deh üte?
Wir haben 18 Grad unter/über Null.	Det är 18 grader minus/plus.
	wi hahr arton grahdr minüs/pluss.

Wortliste Wetter

bedeckt
mulen *mülen*
bewölkt
molnig *mohlni*
Blitz blixt *blixt*
diesig disig *disi*
Donner
åska *oska*
Eis is *ihs*
Eisglätte
isglatt *ihsglatt*
feucht
fuktig *fuckti*
frieren frysa *frysa*
Frost frost *frost*
Gewitter
åskväder *osskwähdr*
Glatteis halka *halka*
Grad
grad(er) *grahd(r)*
Hagel
hagel *hahgel*
hageln
hagla *hahgla*
heiß
(mycket) varm
(mycke) warm

Hitze hetta *hetta*
kalt kall *kall*
Kälte köld *chöld,*
kyla *chyla*
klar klar *klahr*
Klima
klimat *klihmaht*
kühl kylig *chüli*
Luft luft *luft*
Luftdruck
lufttryck *lufttrück*
Luftfeuchtigkeit
luftfuktighet *luftfuktiheht*
Mond måne *mone*
naß blöt *blöt*
Nebel
dimma *dimma*
Regen regn *rängn*
regnen
regna *rägna*
Schnee snö *snö*
schneien
snöa *snöa*
schwül
kvav *kwahw*
Sonne
sol *suhl*

Sonnenschein
solsken *suhlschehn*
Stern stjärna *schärna*
Sturm storm *storm*
Sturmwarnung
stormvarning
stormwarning
Tauwetter
töväder *töhwähdr*
Temperatur
temperatur *temperatühr*
trocken torr *torr*
warm
varm *warm*
Wärme
värme *wärme*
Wetter
väder *wähdr*
Wetterbericht
väderleksrapport
wähdrlehksrappurt
Wettervorhersage
väderleksprognos
wähdrlehksprugnohs
Wind vind *wind*
windig blåsig *blosi*
Wolke sky *schy*

Das Klima in Schweden

Durchschnittstemperaturen (in Celsiusgraden)

	Jan.	Mai	Juni	Juli	Aug.	Okt.
Lund	0,1	10,8	15,3	18,7	19,2	11,5
Växjö	−2,0	9,8	14,9	17,1	17,3	9,7
Stockholm	−1,8	9,4	16,1	18,0	18,4	9,7
Östersund	−5,6	5,8	11,2	12,7	12,2	5,7
Jokkmokk	−10,5	3,2	11,7	12,5	12,3	0,9

(Quelle: Schweden-Werbung, Hamburg)

Was machen Sie hier?	Vad gör du här? wah jöhr dü här?
Ich verbringe hier meinen Urlaub.	Jag är här på semester.
	jah eh här po semestr.
Ich bin auf Geschäftsreise.	Jag är på affärsresa. jah eh po affähschresa.
Wie gefällt es Ihnen hier?	Hur trivs du här? hür trihws dü här?
Es gefällt mir hier sehr gut.	Jag trivs mycket bra.
	jah trihws mycke brah.
Sind Sie alleine hier?	Är du här ensam? eh dü här ehnsamm?
Ja, ich bin hier allein.	Ja, jag är här ensam. jah, jah eh här ehnsamm.
Nein, ich bin mit meiner/-m Frau/	Nej, jag är här med min hustru/make.
Mann hier.	nej, jah eh här meh min hüstrü/mahke.
Seit wann sind Sie hier?	Hur länge har du varit här?
	hür länge har dü wahrit här?
Ich bin seit 2 Tagen/Wochen hier.	Jag är här sedan 2 dagar/veckor.
	jah eh här sedan two dahgar/weckur.
Wie lange sind Sie noch hier?	Hur länge ska du stanna här?
	hür länge skah dü stanna här?
Ich bleibe noch bis zum ...	Jag stannar till den ... jah stannar till denn ...

Wortliste Aufenthalt im Ausland

Adresse adress adress	**Fremdenführer**	**Unterlagen**
Aufenthalt	guide gaid	handlingar
vistelse wisstelse	**Fremdenverkehrsbüro**	handlingar
Ausflug	turistbyrå türisstbyroh	**unterschreiben**
utflykt ütflykt	**Geschäftsreise**	underteckna
ausfüllen	affärsresa	unndrteckna
fylla i fylla i	affähschresa	**Unterschrift**
Ausländer	**Information**	underskrift
utlänning ütlänning	information	unndrskrift,
Ausweis	informaschuhn	namnteckning
legitimation	**Öffnungszeiten**	nammnteckning
legitimaschuhn,	öppetider öppetihdr	**Urlaub**
identitetskort	**Reise** resa resa	semester semesstr
identitehtskurt	**reisen** resa resa	**Urlaubsort**
besuchen	**Reiseführer**	semesterort
besöka besöka	resehandbok	semessterurt
Ferien lov lohw,	resehandbuk	**verbringen**
semester semesstr	**Sehenswürdigkeiten**	tillbringa tillbringa
Formular	sevärdheter sehvärdhetr	**zuständig**
blankett blanket	**Tourist** turist türisst	ansvarig annswahri

Mit dem Auto

i Auch tagsüber fährt man mit Abblendlicht. Die Höchstgeschwindigkeit von 90–110 km/h auf Autobahnen, 70–90 km/h außerhalb und 50 km/h innerhalb von Ortschaften sollte man nicht überschreiten, da sonst hohe Geldbußen oder sogar Führerscheinentzug drohen. Für Pkw mit Wohnanhänger gelten Sonderregelungen. Es besteht Anschnallpflicht. Grundsätzlich gilt „rechts vor links", die Straßenbahn hat immer Vorfahrt.
Die Promillegrenze liegt bei 0,2. Auf nichtasphaltierten Nebenstraßen muß man bei Trockenheit mit Staubwolken und aufgeschleuderten Steinchen rechnen. Bodenwellen und Rutschgefahr bei Nässe legen eine umsichtige Fahrweise nahe. Der besonders markierte rechte Fahrstreifen neben einigen Land- und Schnellstraßen kann zum Ausweichen nach rechts vor schnelleren Fahrzeugen genutzt werden. Das Parken ist in Schweden streng reglementiert.

Fragen nach dem Weg

Welcher ist der beste/kürzeste Weg nach Borås/...?	Vilken är den bästa/kortaste vägen till Borås/...?
	wilken eh denn bästa/kortaste wägen till burohs/...?
Zeigen Sie mir bitte den Weg/die Straße auf der Karte.	Var snäll och visa mig vägen/gatan på kartan.
	wahr snäll och wisa mej wägen/gahtan po kartan.
Wie komme ich nach/zum/zur...?	Hur kommer jag till ...?
	hür kommr jah till ...?
In welche Richtung muß ich fahren?	I vilken riktning måste jag köra?
	i willken riktning mosste jah chöra?
Wieviel Kilometer sind es bis Lund/...?	Hur många kilometer är det till Lund/...?
	hür monga chilumehtr eh deh till lund/...?
Ist das die Straße nach Göteborg/...?	Är det vägen till Göteborg/...?
	eh deh wägen till jöteborrj/...?

Richtungen und Ortsangaben

links
till vänster
till wännstr

rechts
till höger
till höhgr

geradeaus
rakt fram
rackt framm

Norden
norr norr

Süden
söder söhdr

Osten
öster östr

Westen
väster
wästr

vor
framför
frammför

hinter
bakom
bahkomm

über
över öwr

unter
under
unndr

neben
bredvid
brewihd

gegenüber
mittemot
mittemut

mitten in
mitt i mitt i

am Ende
till slut
till slüt

zwischen
mellan mellan

weit
vid wihd

weit (entfernt)
långt bort
longt bort

nah
nära
nära

hinter der Ampel
bakom trafikljuset
bahkomm trafihkjüset

an der nächsten
Kreuzung
vid nästa korsning
wihd nästa kuschning

die erste Straße rechts
första gatan till höger
föschta gahtan till höhgr

die zweite Straße links
andra gatan till vänster
andra gahtan till wännstr

32

Schilder/Aufschriften

i

Auf Sehenswürdigkeiten wird am Straßenrand durch eine spezielle Beschilderung hingewiesen: vier paarweise ange-ordnete, durch eine Linie verbundene Kreise. Hinweisschilder, die vor möglichen Zusammenstößen mit Elchen warnen, sollte man ernst nehmen. Das Gewicht eines Elchs entspricht in etwa dem eines Kleinwagens.

STATION staschuhn Bahnhof	**BANÖVERGÅNG** bahnöwrgong Bahnübergang	**CENTRUM** senntrüm Stadtzentrum
DAMER dahmr Damen	**SJUKHUS** schükhüs Krankenhaus	**SPÅR** spohr Bahnsteig
DRICKSVATTEN drickswatten Trinkwasser	**INFORMATION** informaschuhn Auskunft	**PARKERINGSHUS** parkehringshüs Parkhaus
FARA fahra Gefahr	**LEDIGT** lehdit Frei	**KASSA** kassa Kasse
SE UPP seh upp Achtung	**KALLT** kallt Kalt	**GRÄNS** gränns Grenze
TRAFIKOMLÄGGNING trafihkommläggning Umleitung	**INGÅNG** inngong Eingang	**NÖDUTGÅNG** nöhdütgong Notausgang
STÄNGT stängt Geschlossen	**HERRAR** herrar Herren	**INFART** innfart Einfahrt

PARKERINGSPLATS	ENKELRIKTAD	HAMN
parkehringsplats	ennkelricktad	hammn
Parkplatz	Einbahnstraße	Hafen

TRYCK	PRIVAT	DRAG	UPPTAGET
tryck	priwaht	drahg	upptahget
Drücken	Privat	Ziehen	Besetzt

RASTPLATS	ATT HYRA	VÄGSKADOR
rastplats	att hyra	wähgskahdur
Rastplatz	Zu vermieten	Straßenschäden

ÖPPET	PRIVATSTRAND	RUM
öppet	priwahtstrand	rumm
Geöffnet	Privatstrand	Zimmer

UTFART	OLYCKA	VARMT	TURISTBYRÅ
ütfart	uhlycka	warmt	türisstbyroh
Ausfahrt	Unfall	Heiß	Fremdenverkehrsbüro

HÅLLPLATS	STOPPFÖRBUD	SPÄRRZON
hollplats	stoppförbühd	spärrsuhn
Haltestelle	Halteverbot	Sperrgebiet

VÄGARBETE	DAMER	MAXIMIHASTIGHET
wägarbete	dahmr	maximihastihet
Straßenbauarbeiten	Frauen	Höchstgeschwindigkeit

MILITÄROMRÅDE	HERRAR	LIVSFARA
militährommrode	herrar	lihwsfahra
Militärgebiet	Männer	Lebensgefahr

EJ GENOMFART	PARKERING FÖRBJUDEN
ej jennommfart	parkehring förbjüden
Durchfahrt verboten	Parken verboten

RESTAURANG	STOPP	POST	TELEFON	POLIS
restoranng	stopp	post	telefohn	pulihs
Restaurant	Halt	Post	Telefon	Polizei

Tankstelle

i Rund um die Uhr kann man an Autobahnen tanken. Auf dem Lande sind die Tankstellen in der Woche mindestens bis 19 Uhr geöffnet. Gängige internationale Kreditkarten werden akzeptiert. Barzahler tanken an Zapfsäulen mit der Aufschrift „kontant", Kreditkarteninhaber orientieren sich am Hinweis „konto". Sollte man eine geschlossene Tankstelle vorfinden, kann man die Automatenzapfsäule benutzen. Diese Einrichtung („sedel-automat") gibt es aber seltener für Diesel. Angenommen werden 100-, seltener 50- bzw. 20-Kronen-Scheine. Es werden neben Diesel die Benzinsorten Bleifrei Super („blyfri 95") und Bleifrei Super Plus („blyfri 98") mit entsprechender Oktanzahl angeboten sowie Benzin mit Bleiersatzstoffen: Premium und Medium mit 98 bzw. 96 Oktanzahl.

Wo ist die nächste Tankstelle?	Var ligger närmaste bensinmack?
	wahr liggr närmaste bensihnmack?
Volltanken bitte.	Full tank, tack. full tank, tack.
Für ... Kronen bitte.	För ... kronor, tack. för ... krunur, tack.
Ich möchte ... Liter Diesel/bleifreies	Jag skulle vilja ha ... liter diesel/blyfri bensin/
Benzin/verbleites Benzin/...	blyad bensin/... jah skulle willja hah ... lihtr
	disel/blyfri bensin/blyad bensin/...
Machen Sie bitte einen Ölwechsel.	Var snäll och byt oljan.
	wahr snäll ock byt olljan.
Ich brauche Kühlwasser/...	Jag behöver kylarvatten/...
	jah behöhwr chylarwatten/...
Prüfen Sie bitte den Ölstand/...	Var snäll och kontrollera oljenivån/...
	wahr snäll ock kontrollehra olljeniwohn/...
Bitte waschen Sie den Wagen.	Var snäll och tvätta bilen.
	wahr snäll och twätta bilen.
Wo sind die Toiletten?	Var ligger toaletterna? wahr liggr toaletterna?

Reifenservice

Ich möchte Reifen für dieses Auto/...	Jag skulle vilja köpa däck till den här bilen/...
kaufen.	jah skulle willja chöpa däck till den här bilen/...
Was kostet dieser Reifen mit	Vad kostar den här däcket med montering?
Montage?	wah kostar deh här däcket meh montehring?
Prüfen Sie bitte den Reifen.	Var snäll och kontrollera däcket.
	wahr snäll ock kontrollehra däcket.

Panne

Ich habe eine Motorpanne/Reifen-panne.
Jag har fått motorstopp/punktering.
jah har fott muhturstopp/punktehring.

Können Sie mich zur nächsten Werkstatt bringen/abschleppen?
Kan du ta mig med/bogsera mig till närmaste verkstad? *kann dü tah meh mej/bugsehra mej till denn närmaste werkstahd?*

Schicken Sie mir bitte einen Abschleppwagen/Mechaniker.
Var snäll och skicka mig en bärgningsbil/mekaniker. *Wahr snäll och schick enn bärjningsbil/mekahnikr.*

Ich habe einen roten BMW/...
Jag har en röd BMW/...
jah har enn röhd beh emm weh/...

Das Kennzeichen meines Autos ist ...
Mitt bilnummer är ... *mitt bilnummr eh ...*

Mein Auto steht in ...
Min bil står i ... *min bil stohr i ...*

Verkehrsunfall

Es ist ein Unfall passiert.
Det har hänt en olycka. *deh hahr hännt enn uhlycka.*

Ich brauche Verbandzeug/...
Jag behöver förbandsartiklar/...
jah behöhwr förbanndsartiklar/...

Rufen Sie bitte einen Kranken-wagen/ die Feuerwehr/die Polizei/...
Var snäll och ring efter en ambulans/ brandkåren/ polisen/... *wahr snäll ock ring äftr enn ambülans/ brandkoren/pulihsen/...*

Wir müssen das der Polizei melden.
Vi måste anmäla det till polisen.
wi mosste anmäla deh till pulihsen.

Es war Ihre Schuld.
Det var ditt fel. *deh wahr ditt fehl.*

Es war meine Schuld.
Det var mitt fel. *deh wahr mitt fehl.*

Bitte geben Sie mir Ihren Namen und Ihre Anschrift.
Var snäll och ge mig ditt namn och din adress. *wahr snäll ock jeh mej ditt nammn och din adress.*

Bitte geben Sie mir Namen und Anschrift Ihrer Versicherung.
Var snäll och ge mig namnet och adressen på din försäkring. *wahr snäll ock jeh mej nammnet ock adressen po din föschähkring.*

Wie hoch schätzen Sie den Schaden?
Vad tror du skadan kommer att kosta?
wah trur dü skahdan kommr attt kossta?

Ich möchte den Schaden selbst regulieren.	Jag skulle vilja betala skadan själv.
	jah skulle willja betahla skahdan schälw.
Sollen wir die Polizei holen oder es unter uns regeln?	Ska vi ringa till polisen eller reglera det oss emellan?
	skah wi ringa till pulihsen ellr reglehra deh oss emellan?
Mein Auto ist bei der Versicherungs-gesellschaft ... vollkasko-/teilkasko-versichert.	Min bil är helförsäkrad/halvförsäkrad hos försäkringsbolaget ... min bil eh hehlföschähkrad/ hallwföschähkrad huss föschähkringsbuhlahget ...
Ich möchte den Schaden durch meine Versicherung regulieren lassen.	Jag skulle vilja reglera skadan genom mitt försäkringsbolag. jah skulle willja reglehra skahdan jennomm mitt föschähkringsbuhlahg.

Reparaturwerkstatt

Wo ist die nächste Reparatur-werkstatt?	Var ligger närmaste (reparations)verkstad?
	wahr liggr närmaste (reparaschuhns)werrkstahd?
Wo ist eine Werkstatt für VW/...?	Var ligger en verkstad för volkswagen/...?
	wahr liigr enn werrkstahd för volkswahgen/...?
Prüfen Sie bitte die Bremsen/...	Var snäll och kontrollera bromsarna/...
	wahr snäll ock kontrollehra brommsarna/...
Der Motor klopft/läuft heiß/setzt aus/...	Motorn knackar/blir het/stannar/...
	muturn knackar/bliir heht/stannar/...
Wechseln Sie bitte die Kerzen/... aus.	Var snäll och byta tändstiften/...
	wahr snäll ock byta tändstiften/...
Haben Sie Original-Ersatzteile für ...?	Har du original-reservdelar för ...?
	har dü originahl-reserwdelar för ...?
Wieviel wird die Reparatur ungefähr kosten?	Hur mycket kommer reparationen ungefär att kosta?
	hür mycke kommr reparaschuhnen unnjefär att kossta?
Wie lange wird die Reparatur dauern?	Hur länge kommer reparationen att dröja?
	hür länge kommr reparaschuhnen att dröija?

Vermietung (Auto, Motorrad, Fahrrad)

In den Großstädten sind Mietwagen bei nationalen und inter-nationalen Autoverleihfirmen erhältlich. Die Preise liegen über dem deutschen Niveau. Fahrräder kann man z. B. bei einigen „Wandererheimen" mieten.

Wo ist die nächste Auto/...-vermie-tung?	Var ligger närmaste bil/...-uthyrning?
	wahr liggr närmaste bil/...-üthyrning?

Ich möchte ein Auto/Motorrad/ Moped/Fahrrad für einen Tag/... -e mieten.	Jag skulle vilja hyra en bil/motorcykel/moped/ cykel för en dag/... dagar. jah skulle willja hyra enn bil/muhtursyckel/mupehd/syckel för enn dahg/... dahgar.
Welche Autotypen haben Sie zu vermieten?	Vilka bilmärken hyr du ut? willka bilmärken hyr dü üt?
Darf ich Ihren Führerschein sehen?	Kan jag få se ditt körkort? kann jah fo seh ditt chörkurt?
Ich miete den Ford/...	Jag hyr Forden/... jah hyr furden/...
Kann ich das Fahrzeug sofort/ morgen/... bekommen?	Kan jag få bilen strax/imorgon/...? kann jah fo bilen strax/imorron/...?
Wie hoch ist die Tagespauschale?	Hur mycket kostar det per dag? hür mycke kosstar deh per dahg?
Was kostet der gefahrene Kilometer?	Hur mycket kostar det per kilometer? hür mycke kosstar deh per chilumehtr?
Kann ich das Fahrzeug in Ihrer Zweigstelle in Malmö/... abgeben?	Kan jag lämna bilen i er filial i Malmö/...? kann jah lämmna bilen i er filiahl i malmö/...?
Ist das Fahrzeug vollkaskover- sichert/...?	Är bilen helförsäkrad/...? eh bilen hehlföschähkrad/...?
Ich möchte den Mietvertrag ver- längern.	Jag skulle vilja förlängre hyrekontraktet. jah skulle willja förlänngre hyhreskontracktet.

Wortliste Auto

abbiegen ta av tah ahw	**Autopapiere**	**Bremslicht**
Abblendlicht	bilhandlingar	bromsljus brommsjüs
halvljus hallwjüs	bilhandlingar	**defekt** defekt defekt,
abschleppen	**Autoreifen**	skadad skahdad
bogsera bugsehra	bildäck bildäck	**Dichtung**
Abschleppdienst	**Autowäsche**	packning packning,
bärgningstjänst	biltvätt biltwätt	tätning tätning
bärjnings-chänst	**Batterie** batteri batterih	**Diesel** diesel dihsel
Abschleppseil	**Benzin** bensin bensihn	**Ersatzteil**
bogserlina bugsehrlina	**bleifreies Benzin**	reservdel reserrwdel
Anlasser	blyfri bensin blyfri bensihn	**fahren** köra chöra
startmotor stahtmuhtur	**Benzinkanister**	**Felge** fälg fällj
Antenne antenn antenn	bensindunk bensihndunk	**Fernlicht** helljus hehljühs
Auspuff	**Blinker** blinker blinkr	**Frostschutzmittel**
avgasrör ahwgasrör	**Bremse** broms bromms	frostskyddsmedel
Auto bil bil	**Bremsbelag**	frosstschyddsmedel
Autobahn	bromsbelägg brommsbelägg	**Führerschein**
motorväg muhturwähg	**bremsen** bromsa brommsa	körkort chörkurt
Autonummer	**Bremsflüssigkeit**	**Fußbremse**
bilnummer bihlnummr	bromsvätska brommswätska	fotbroms fuhtbromms

38

Gang växel *wäxel*
Getriebe
växellåda *wäxelloda*
Getriebeöl
växellådsolja
wäxellohdsollja
Glühbirne
glödlampa *glödlampa*
Heizung (Auto:)
(bil)uppvärmning
(bil)uppwärmning
Hupe
signalhorn *signahlhurn*
Inspektion
inspektion *inspekschuhn*
Kabel kabel *kahbel*
Katalysator
katalysator *katalysahtur*
Keilriemen
fläktrem *fläcktremm*
Kennzeichen
bilnummer *bihlnummr*
Kfz-Schein
motorfordonsintyg
muhturfurdonsinntyg,
registreringsbevis
rejistrehringsbewihs
Kilometer
kilometer *chilumehtr*
Kindersitz
barnsits *bahrnsits*
Klimaanlage
luftkonditionering
luftkondischunehring
Kofferraum
bagagelucka
bagahschlucka
Kotflügel
stänkskärm *stänkschärm*
Krankenwagen
ambulans *ambúlanns*
Kühler kylare *chylare*
Kühlwasser
kylarvatten *chyhlarwatten*

Kupplung
koppling *koppling*
Lenkrad ratt *ratt*
Lichtmaschine
generator *jenerahtur*
Luftfilter luftfilter *luftfiltr*
Luftpumpe
luftpump *luftpump*
Mechaniker
mekaniker *mekahniker*
Motor motor *mutur*
Motoröl
motorolja *muhturollja*
Motorrad
motorcykel *muhtursyckel*
Motorschaden
motorfel *muhturfehl*
Nummernschild
nummerskylt
nummrschylt
Öl olja *ollja*
Ölstand
oljenivå *olljeniwoh*
Ölwechsel
oljebyte *olljebyte*
Panne
motorstopp *muhturstopp*
Polizei polis *pulihs*
Rad hjul *júl*
Rastplatz
rastplats *rastplats*
regulieren
reglera *reglehra*
Reifen
däck *däck*
Reifendruck
lufttryck *lufttryck*
Reifenservice
däckfirma *däckfirma*
Reparatur
reparation *reparaschuhn*
Reparaturwerkstatt
reparationsverkstad
reparaschuhnswerrkstahd

reparieren
reparera *reparehra*
Reservekanister
reservdunk *reserrwdunk*
Reserverad
reservhjul *reserrwjül*
Rücklicht
bakljys *bahkjüs*
Schaden skada *skahda*
Scheibenwischwasser
vatten för bilrutan
watten för bilrütan
Scheibenwischer
vindrutetorkare
windrütetorkare
Scheinwerfer
strålkastare *strohlkastare*
Schlauch slang *slang*
Schneeketten
snökedjor *snöhchedjur*
Sicherheitsgurt
säkerhetsbälte
sähkrhehtobültc
Sicherung säkring *säkring*
Spiegel spegel *spegel*
Standlicht
parkeringsljus
parkehringsjüs
Stoßdämpfer
stötdämpare *stötdämpare*
Stoßstange
stötfångare *stötfongare*
Straße
gata *gahta*, väg *wäg*
Tachometer
hastighetsmätare
hastihetsmätare
tanken tanka *tanka*
Tankstelle
bensinmack *bensihnmack*
Teilkasko delförsäkring
dehlföschähkring
Thermostat
termostat *termostaht*

Überbrückungskabel	**Versicherung**	**Warndreieck**
startkabel starrtkahbel	försäkring	varningstriangel
Unfall olycka uhlycka	föschähkring	wahrningstrih-angel
Unfallprotokoll	**Versicherungskarte**	**Werkstatt**
olycksfallsrapport	försäkringskort	verkstad werrkstahd
uhlycksfallsrappurt	föschähkringskurt	**Windschutzscheibe**
Verbandszeug	**Versicherungspapiere**	vindruta windrüta
förbandsartiklar	försäkringshandlingar	**Winterreifen**
förbanndsartiklar	föschähkringshandlingar	vinterdäck winntrdäck
Vergaser	**Vollkasko** helförsäkring	**Zündkerzen**
förgasare förgahsare	hehlföschähkring	tändstift tändstift
Verkehr trafik trafihk	**Wagenheber**	**Zündung**
Verletzte/-r skadad skadad	domkraft dumkraft	tändning tändning

Garage und Parkplatz

Wo ist die/der nächste Garage/ Parkplatz?	Var ligger närmaste garage/parkeringsplats?
	wahr liggr närmaste garahsch/parkehringsplats?
Kann ich hier parken/das Auto unterstellen?	Kan jag parkera bilen här?
	kann jah parkehra bilen här?
Haben Sie eine/-n Garage/Park- platz frei?	Har du en ledig garage/parkeringsplats?
	hahr dü enn lehdi garahsch/parkehringsplats?
Was kostet es für eine/-n Tag/Stunde/ Nacht/Woche/...?	Hur mycket kostar en dag/timme/natt/vecka/...?
	hür mycke kosstar enn dahg/timme/natt/wecka/...?
Ist die Garage/der Parkplatz bewacht?	Bevakas garaget/parkeringplatsen?
	bewahkas garahschet/parkehringsplatsen?

Wortliste Garage/Parkplatz

Ausfahrt	**Halten verboten**	**Parkschein**
utfart ütfart,	förbud att stanna fordon	parkeringsbiljett
avfart ahwfart	förbühd att stanna furdon	parkehringsbiljett
besetzt	**parken**	**Parkuhr**
upptaget	parkering parkehring	parkeringsautomat
upptahget	**Parkgebühr**	parkehringsautomaht
bewacht	parkeringsavgift	**Parkwächter**
bevakat bewahkat	parkehringsahwjift	parkeringsvakt
Einfahrt	**Parkhaus**	parkehringswackt
infart innfart	parkeringshus	**Parken verboten**
frei	parkehringshüs	Parkering förbjuden
ledigt lehdit	**Parkplatz**	parkehring förbjüden
Garage	parkeringsplats	**unterstellen**
garage garahsch	parkehringsplats	parkera parkehra

Mit der Bahn

i Von Frankfurt, Hamburg, Köln, München, Wien und Zürich erreicht man Schweden über die „Vogelfluglinie", via Puttgarden und Helsingör in Dänemark. Von Berlin aus fährt man über Saßnitz. In den Häfen werden die Eisenbahnwagen auf Fähren verladen.

Wann fährt der nächste Zug nach Uppsala/...?	När går nästa tåg till Uppsala/...? *när gohr nässta tohg till uppsahla/...?*
Wann habe ich Anschluß nach Jönköping/...?	När finns det en anslutning till Jönköping/...? *när finns deh enn annslütning till jönnchöhping/...?*
Hat der Zug aus Malmö/... Verspätung?	Är tåget från Malmö/... försenat? *eh toget fron malmö/... föschehnat?*
Von welchem Bahnsteig/Gleis fährt der Zug nach Mora/...?	Från vilket spår går tåget till Mora/...? *fron wilket spohr gohr tohget till mura/...?*
Wieviel kostet eine Fahrkarte nach Örebro/... 2. Klasse/1. Klasse?	Hur mycket kostar en biljett till Örebro/... andra klass/första klass? *hür mycke kosstar enn biljett till örebruh/... andra/ föschta klass?*
Gibt es eine Ermäßigung für Kinder/ Studenten/...?	Finns det barnrabatt/studentrabatt/...? *finns deh bahrnrabatt/stüdenntrabatt/...?*
Bitte einmal 2. Klasse/1. Klasse einfache Fahrt nach Kalmar/...	En enkel (biljett) andra klass/första klass till Kalmar/... tack. *enn enkel(biljett) andra klass/föschta klass till kalmar/... tack.*
Bitte einmal ... Klasse hin und zurück nach Södertälje/...	Tur och retur ... klass till Södertälje/..., tack. *tür ock retühr ... klass till söhdrtällje/..., tack.*
Ich möchte ein/-en Raucherabteil/ Nichtraucherabteil/Fensterplatz.	Jag skulle vilja ha en rökkupé/kupé för icke rökare/fönsterplats. *jah skulle willja hah enn röhkküpeh/küpeh för icke rökare/fönnstrplats.*
Ich möchte eine Platzreservierung für den Zug um 20.00/... Uhr nach Karlstad/...	Jag skulle vilja reservera en plats på åttatåget/... till Karlstad/... *jah skulle willja reserwehra enn plats po ottatohget/... till kahlstah/...*
Wie lange ist diese Fahrkarte gültig?	Hur länge är biljetten giltig? *hür länge eh biljetten jillti?*

Im Zug

Verzeihung, ist dieser Platz noch frei?	Ursäkta, är den här platsen ledig?
	ühschäckta, eh denn här platsen lehdi?
Das ist mein Platz.	Det är min plats. deh eh min plats.
Darf ich das Fenster öffnen/ schließen?	Får jag öppna/stänga fönstret?
	fohr jah öppna/stänga fönnstret?
Wo ist der Speisewagen?	Var är restaurangvagnen?
	wahr eh restoranngwangnen?

VÄNTSAL
wänntsahl
Wartesaal

RESGODSFÖRVARING
rehsgudsförvahring
Gepäckaufbewahrung

NÖDUTGÅNG
nöhdütgong
Notausgang

AVGÅNG
ahwgong
Abfahrt

FÖR MOR OCH BARN
för mur ock bahrn
Für Mutter und Kind

LIGGVAGN
liggwangn
Liegewagen

NÖDBROMS
nödbromms
Notbremse

INFORMATION
informaschuhn
Auskunft

RETAURANGVAGN
restoranngwangn
Speisewagen

SPÅR
spohr
Bahnsteig

SOVVAGN
sohwwangn
Schlafwagen

UPPTAGET
upptaghet
Besetzt

TIDTABELL
tihdtabell
Fahrplan

LEDIGT
lehdit
Frei

RÖKARE
rökare
Raucher

IKKE RÖKARE
icke rökare
Nichtraucher

ANKOMST
annkommst
Ankunft

Abfahrt
avgång ahwgong,
avresa ahwresa
Abfahrtszeit
avgångstid
ahwgongstihd
Abteil
kupé kupeh
ankommen
ankomma
annkomma
Ankunft
ankomst
annkommst
Anschluß
förbindelse
förbindelse
Aufenthalt
uppehåll
uppeholl
Ausgang
utgång
ütgong
aussteigen
stiga av
stihga ahw
Bahnhof
(järnvägs)station
(järnwägs)staschuhn
Bahnsteig
spår
spohr
besetzt
upptaget
upptahget
Eingang
ingång
inngong

einsteigen
stiga på
stiga poh
Fahrkarte
biljett biljett
Fahrplan
tidtabell
tihdtabell
Fahrpreis
biljettpris
biljettprihs
frei
ledig lehdi
Gepäck
bagage
bagahsch
Gepäckaufbewahrung
resgodsförvaring
rehsgudsförwahring
Gepäckschein
pollcttcringskvitto
pollettehringskwittu
Gepäckträger
stadsbud
stahdsbüd
Gleis
spår spohr
Kinderfahrkarte
barnbiljett
bahrnbiljett
Liegewagen
liggvagn liggwangn
Nichtraucherabteil
kupé för icke rökare
kupeh för icke rökare
Notausgang
nödutgång nöhdütgong,
reservutgång reserrwütgong

Platzkarte
platsbiljett
platsbiljett
Raucherabteil
rökkupé
rökkupeh
Reservierung
reservering
reserwehring
Schalter
biljettlucka
biljettlucka
Schlafwagen
sovvagn
sohwwangn
Schlafwagenkarte
sovvagnsbiljett
sowwangnsbiljett
Speisewagen
restaurangvagn
restoranngwangn
umsteigen
byta
byta
Verspätung
försening
föschehning
Wagen
vagn wangn
Wartesaal
väntsal
wänntsahl
Zug
tåg tohg
Zuschlag
tilläg tillägg

i Stockholms internationaler Flughafen Arlanda wird von den meisten deutschen, österreichischen und schweizerischen Flughäfen aus angeflogen. Göteborg erreicht man von Düsseldorf, Hamburg oder Frankfurt aus. Wer nach Südschweden reisen will, fliegt nach Kopenhagen und benutzt das Luftkissenboot oder den Bus zur Weiterfahrt nach Malmö. Im Sommer besteht auch eine direkte Verbindung von Hamburg nach Visby.

Wann fliegt die nächste Maschine nach Frankfurt/...?	När går nästa flyg till Frankfurt/...?
	när gohr nässta flyg till frankfurt/...?
Gibt es heute/morgen/am Samstag/... einen Flug nach Düsseldorf/...?	Går det ett flyg till Düsseldorf/... idag/imorgon/på lördag/...?
	gohr deh ett flyg till düsseldorf/.. idahg/imorron/po lörda/...?
Ist es ein Direktflug?	Är det ett direktflyg?
	eh deh ett direcktflyg?
Was kostet ein Flug nach Düsseldorf/...?	Hur mycket kostar en flygresa till Düsseldorf/...?
	hür mycke kosstar enn flygresa till düsseldorf/...?
Wieviel kosten ein Hin- und Rückflug nach Göteborg/...?	Hur mycket kostar en tur-retur flygbiljett till Göteborg/...?
	hür mycke kosstar enn tür-retührflyhgbiljett till jöteborrj/...?
Gibt es einen Sondertarif für Kinder/Studenten/...?	Finns det barnrabatt/studentrabatt/...?
	finns deh bahrnrabatt/stüdenntrabatt/...?
Ich möchte einen einfachen Flug/ Hin- und Rückflug nach Stockholm/... buchen.	Jag skulle vilja boka en enkel/tur-retur flygbiljett till Stockholm/...
	jah skulle willja buka enn enkel/tür-retühr flyhgbiljett till stockholm/...
Gibt es eine Busverbindung zum Flughafen?	Finns det ett bussförbindelse till flygplatsen?
	finns deh ett bussförbinndelse till flygplatsen?
Wo fährt der Flughafenbus ab?	Var avgår flygplatsbussen?
	wahr ahwgohr flyhgplatsbussen?
Ich möchte diesen Flug stornieren/umbuchen.	Jag skulle vilja avbeställa/boka om den här flygresan.
	jah skulle willja ahwbeställa/buka omm denn här flygresan.

Am Flughafen

Wo ist die Abfertigung für den Flug nach Hamburg/...?	Var ligger incheckningen för flyget till Hamburg/...? *wahr liggr inncheckningen för flyget till hamburg/...?*
Ich möchte einen Platz am Gang/Fenster/...	Jag skulle vilja ha en gångplats/fönsterplats/... *jah skulle willja hah enn gongplats/fönnstr-plats/...*
Fliegt die Maschine pünktlich ab?	Avgår flygplanet i tid? *ahwgohr flyhgplahnet i tihd?*
Wo fährt ein Bus in die Stadt/...?	Varifrån avgår en buss till staden/...? *wahrifrohn ahwgohr enn buss till stahden/...?*
Wo ist der Taxistand/die Autover-mietung?	Var är taxistationen/biluthyrningen? *wahr eh taxistaschuhnen/bilüthyrningen?*
Taxi! Bringen Sie mich/uns bitte nach Stockholm/in die Stadt/zum Hotel ...	Taxi! Var snäll och kör mig/oss till Stockholm/till staden/till hotellet ... *taxi! wahr snäll ock chör mej/oss till stockholm/till stahden/till hotellet ...*

SPÄNN FAST SÄKERHETSBÄLTENA! *spänn fasst sähkrhehtsbältena* Bitte anschnallen!	**RÖKFRI ZON** *rökfri suhn* Raucherfreie Zone

UTRIKES *ühtrikes* Ausland	**TULL** *tull* Zoll	**TAX FREE SHOP** *täx frih schopp* Duty-free-Shop

GATE *gejt* Flugsteig	**INRIKES** *innrikes* Inland	**RÖKNING FÖRBJUDEN** *rökning förbjüden* Rauchen verboten

AVGÅNG *ahwgong* Abflug	**ANKOMST** *annkommst* Ankunft	**HITTEGODSAVDELNING** *hitteguhdsahwdehlning* Fundbüro

Abfertigung
incheckning
inncheckning
abfliegen
starta starta
Abflug
avgång ahwgong,
start start
an Bord
ombord ommbuhd
Ankunft
ankomst annkommst
Ausgang
utgång ütgong
Auskunft
upplysning upplüsning,
information informaschuhn
Autovermietung
biluthyrning
bilüthyrning
Bordkarte
kontrollkort kontrollkurt,
boarding card
bording kahd
buchen
boka buka
Buchung
bokning bukning,
beställning beställning
Busverbindung
bussförbindelse
bussförbindelse
Direktflug
direktflyg
direktflyg
einchecken
checka in checka inn
Eingang
ingång inngong
Fenstersitz
fönsterplats fönnstrplats
fliegen flyga flyga

Flug
flygning flygning,
flyg flyg
Fluggast
passagerare passaschehrare
Fluggesellschaft
flygbolag flyhgbulahg
Flughafen
flygplats flygplats
Flughafenbus
flygbuss
flyhgbuss
Flugnummer
flygnummer flyhgnummr
Flugplan
tidtabell tihdtabell
Flugschein
flygbiljett flyhgbiljett
Flugzeit
flygtid flyhgtihd
Flugzeug
flygplan
flyhgplahn
Gepäck
bagage bagahsch
Gepäckabfertigung
incheckning inncheckning
Gepäckschein
polletteringskvitto
pollettehringskwittu
Handgepäck
handbagage handbagahsch
Hinflug
flygresan dit flygresan diht
landen landa landa
Landung
landning landning
Nichtraucher
icke rökare icke rökare
Notausgang
nödutgång nöhdütgong,
reservutgång reserrwütgong

Notlandung
nödlandning
nöhdlandning
Notrutsche
nödrutschbana
nöhdrutschbahna
Passagier
passagerare
passaschehrare
pünktlich
punktlig punktli
Raucher
rökare rökare
Rückflug
återflyg ohtrflyg
Schwimmweste
flytväst flytwäst
Sicherheitskontrolle
sähkrhehtskontroll
säkrhetskontroll
Sondertarif
extraerbjudande
exxtraerbjühdande
starten starta starta
stornieren
avbeställa ahwbeställa,
stornera stornehra
Taxistand
taxistation taxistaschuhn
Übergepäck
övervikt öhwrwickt
umbuchen
boka om buka omm
Verspätung
försening föschehning
Warteliste
väntelista wänntelista
Warteraum
väntrum wänntrumm
Zwischenlandung
mellanlandning
mellanlandning

Mit dem Schiff

i Neben der schon erwähnten Vogelfluglinie bestehen z. B. Fährverbindungen zwischen Kiel und Stockholm bzw. Göteborg sowie zwischen Travemünde, Rostock bzw. Saßnitz und Trelleborg. Von Schweden aus kann man weiterfahren zu den Ålandinseln, Finnland, Rußland und Norwegen. Zahlreiche kleinere Fähren verbinden die vorgelagerten schwedischen Inseln mit dem Festland. Auf dem Götakanal kann man eine dreitägige Schiffsreise von Göteborg nach Stockholm unternehmen.

Wann fährt das/die nächste/letzte Schiff/Fähre nach Oskarshamn/...?	När går nästa båt/färja/sista båten/färjan till Oskarshamn/...?
	när gohr nässta boht/färja/sissta bohten/färjan till oskaschhammn/...?
Ich möchte eine Schiffsreise nach Oslo/... buchen.	Jag skulle vilja boka en båtresa till Oslo/...
	jah skulle willja buka enn bohtresa till uslu/...
Werden Landausflüge veranstaltet?	Ordnas det utflykter i land?
	urdnas deh ütflyktr i land?
Bitte geben Sie mir/uns einen Prospekt von den Schiffen nach Visby/...	Var snäll och ge mig/oss en broschyr över båtarna till Visby/...
	wahr snälll ock geh mej/oss enn broschyhr öwr bohtarna till wisby/...
Von wo aus fahren die Schiffe/ Fähren nach Nynäshamn/...?	Varifrån avgår båtarna/färjorna till Nynäshamn/...?
	wahrifrohn ahwgohr bohtarna/färjurna till nynäshammn/...?
Wie lange dauert die Überfahrt nach Saßnitz/...?	Hur lång tid tar överfarten till Saßnitz/...?
	hür long tihd tahr öwrfarten till sassnits/...?
Ich möchte Schiffskarte/-n für ... Person/-en nach Larvik/...	Jag skulle vilja ha en (båt)biljett/(båt)biljetter för ... person/personer till Larvik/...
	jah skulle willja hah enn (boht)biljett/(boht) biljettr för ... peschuhn/peschuhnr till lahrwik/...
Ich möchte eine Innenkabine/ Zweibettkabine/...	Jag skulle vilja ha en innerhytt/tvåmannshytt/...
	jah skulle willja hah enn innrhytt/ twohmannshytt/...
Können Sie mir/uns bitte eine andere Kabine geben?	Kan ja /vi få en annan hytt?
	kann jah/wi fo enn annan hytt?
Was kostet die Karte?	Vad kostar biljetten?
	wah kosstar biljetten?
Wann muß ich an Bord sein?	När måste jag vara ombord?
	när mosste jah wahra ommbuhrd?

An Bord

Auf welchem Deck ist Kabine Nummer...?	På vilket däck är hytt nummer ...?
	po wilket däck eh hytt nummr ...?
Wo ist der Speisesaal/Aufenthaltsraum/...?	Var ligger matsalen/salongen/...?
	wahr liggr mahtsahlen/salongen/...?
Ich fühle mich nicht wohl.	Jag mår inte bra. jah mohr inte brah.
Haben Sie ein Mittel gegen Seekrankheit/...?	Har du något medel mot sjösjuka/...?
	hahr dü nohgot medel mut schöschüka/...?

Wortliste Schiff

Anker ankare ankare
anlegen
lägga till lägga till
Anlegestelle
kajplats kajplats
auslaufen
löpa ut löpa üt
Außenkabine
ytterhytt yttrhytt
Autofähre
bilfärja bilfärja
Boje boj boj
Boot båt boht
(an) Bord
(om) bord
(omm) buhd
buchen
boka buka
Bucht bukt buckt
Dampfer
ångbåt ongboht
Deck däck däck
Doppelkabine
dubbelhytt
dubbelhytt
Einzelkabine
enkelhytt enkelhytt
Fähre färja färja
Fischerboot
fiskarbåt fiskarboht
Hafen hamn hammn

Innenkabine
innnerhytt
innerhytt
Insel ö ö
Jacht jakt jackt
Kabine
hytt hytt
Kai kaj kaj
Kapitän
kapten kaptehn
Kreuzfahrt
kryssning
kryssning
Küste kust kusst
Land land land
Landausflug
landutflykt
landütflykt,
utflykt i land
ütflykt i land
Matrose
matros matruhs
Meer hav haw
Motorboot
motorbåt muhturboht
Passagierschiff
passagerarbåt
passaschehrarboht
Rettungsboot
livbåt
lihwboht

Rettungsring
livboj
lihwboj
Ruderboot
roddbåt ruddboht
Schiff båt boht,
skepp schepp
Schiffsarzt
skeppsläkare
scheppslähkare
Schiffsreise
sjöresa schöresa
Schwimmweste
flytväst flytwäst
See
hav haw,
sjö schö
Seekrankheit
sjösjuka schöschüka
Segelboot
segelbåt segelboht
Steward
steward stjuard
Strand
strand strand
Überfahrt
överfart öwrfart
Ufer kust kusst,
strand strand
Welle
våg wohg

Überlandbusse

Welche Buslinie geht nach Kapellskär/...?	Vilken buss går till Kapellskär/...?
	wilken buss gohr till kapellskähr/...?
Wo fahren die Busse nach Kapellskär/... ab ?	Varifrån avgår bussarna till Kapellskär/...?
	wahrifrohn ahwgohr bussarna till kapellschähr/...?
Wie komme ich zum Busbahnhof/...?	Hur kommer jag till busstationen/...?
	hür kommr jah till busstaschuhnen/...?
Wann kommt der Bus in Kapellskär/... an?	När anländer bussen i Kapellskär/...?
	när annlänndr bussen i kapellschähr/...?
Wieviel kostet die Fahrt nach Kapellskär/...?	Hur mycket kostar turen till Kapellskär/...?
	hür mycke kosstar türen till kapellschähr/...?
Geben Sie mir bitte ... Fahrkarte/-n.	Jag skulle vilja ha ... biljett/biljetter.
	jah skulle willja hah ... biljett/biljettr.
Wie lange haben wir hier/in ... Aufenthalt?	Hur lång tid har vi på oss här i ...?
	hür long tihd hahr wi po oss här i ...?

Gepäck

Ich möchte dieses Gepäck nach Frankfurt/... aufgeben.	Jag skulle vilja pollettera det här bagaget till Frankfurt/...
	jah skulle willja pollettehra deh här bagahschet till frankturt/...
Was kostet das Übergepäck?	Vad kostar övervikten?
	wah kosstar öhwrwickten?
Mein Gepäck ist nicht angekommen.	Mitt bagage har inte kommit fram.
	mitt bagahsch hahr inte kommit framm.
Mein Koffer/... wurde beim Transport beschädigt.	Min resväska/... har skadats under transporten.
	min rehswäska/... hahr skahdats unndr transpurrten.
Wo ist/sind hier die Gepäckaufbewahrung/Schließfächer?	Var ligger resgodsförvaringen/förvaringsboxarna? wah liggr rehsgudsförwahringen/förwahrings-boxarna?
Ich möchte mein Gepäck hierlassen.	Jag skulle vilja lämna mitt bagage.
	jah skulle willja lämmna mitt bagahsch.
Ich möchte mein Gepäck abholen.	Jag skulle vilja hämta mitt bagage.
	jah skulle willja hämmta mitt bagahsch.
Wieviel kostet es pro Tasche/Koffer für eine/-n Stunde/Tag?	Hur mycket kostar det per väska/resväska för en timme/dag? hür mycke kosstar deh per wäska/rehswäska för enn timme/dahg?
Können Sie mir/uns bitte mit dem Gepäck helfen?	Kan du hjälpa mig/oss med bagaget?
	kann dü jälpa mej/oss meh bagahschet?
Bitte bringen Sie mein Gepäck zu einem Taxi.	Var snäll och ta med mitt bagage till en taxi.
	wahr snäll ock tahr meh mitt bagahsch till enn taxi.

Wortliste Gepäck

Abfertigung	**Gepäckschein**	**Rucksack**
incheckning	polletteringskvitto	ryggsäck
inncheckning	pollettehringskwittu	ryggsäck
abholen	**Gepäckträger**	**schwer** tung tung
hämta hämmta	stadsbud	**Schließfach**
ankommen	stahdsbüd	förvaringsbox
ankomma annkomma	**Gepäckversicherung**	förwahringsbox
aufgeben	resgodsförsäkring	**Tasche**
pollettera	rehsgudsföschähkring	väska wäska
pollettehra	**Gepäckwagen**	**transportieren**
Beschädigung	godsvagn guhdswangn	transportera
skada skahda	**Handgepäck**	transpurtehra
Gepäck	handbagage	**Übergewicht**
bagage bagahsch	handbagahsche	övervikt
Gepäckannahme	**Koffer**	öhwrwickt
resgodsinlämning	koffert koffrt,	**versichern lassen**
rehsgudsinnlämmning	resväska rehswäska	försäkra föschähkra
Gepäckaufbewahrung	**nachschicken**	**Versicherung**
resgodsförvaring	eftersenda	försäkring
rehsgudsförwahring	äftrschända	föschähkring
Gepäckausgabe	**Reisetasche**	**vorausschicken**
resgodsutlämning	resväska	skicka i förväg
rehsgudsütlämmning	rehswäska	schicka i förwäg

Nahverkehrsmittel

Bus, S-Bahn

Welche/-r S-Bahn/Bus fährt nach/ zum/zur ...?	Vilket pendeltåg/vilken buss kör till ...?
	wilket pendeltog/wilken buss chör till ...?
Wo ist bitte der/die nächste S-Bahn- hof/Bushaltestelle/...?	Var ligger närmaste pendeltågsstation/ busshållplats/...?
	wahr liggr närmaste pendeltogsstaschuhn/busshollplats/...?
Ich möchte nach/zum/zur ... fahren.	Jag skulle vilja åka till ...
	jah skulle willja oka till...
Wo muß ich aussteigen/umsteigen?	Var måste jag stiga av/byta?
	wahr mosste jah stiga ahw/byta?
Würden Sie bitte die Haltestelle für mich/uns ausrufen?	Skulle du vara snäll och ropa ut hållplatsen när vi kommer till?
	skulle dü wahra snäll och rupa üt hollplats när wi kommr till?

Wann fährt der erste/letzte Bus nach Skansen/...?	När går första/sista bussen till Skansen/...? *när gohr föschta/sissta bussen till skannsen/...?*
Was kostet die Fahrt zum Hafen/...?	Vad kostar turen till hamnen/...? *wah kosstar türen till hammnen/...?*
Wie lange dauert die Fahrt nach/ zum/zur ...?	Hur lång tid tar turen till ...? *hür long tihd tahr türen till ...?*
Bitte geben Sie mir ... Fahrschein/-e.	Jag skulle vilja ha ...biljett/biljetter. *jah skulle willja hah ... biljett/biljettr.*

Taxi

Wo ist der nächste Taxistand?	Var ligger närmaste taxistation? *wahr liggr närmaste taxistaschuhn?*
Bitte schicken Sie ein Taxi nach/ zum/zur ...	Var snäll och skicka en taxi till ... *vah snäll ock schicka enn taxi till ...*
Rufen Sie mir bitte ein Taxi.	Kan du vara snäll och ringa/kalla en taxi åt mig. *kann dü wahra snäll ock ringa/kalla enn taxi oht mej.*
Ich möchte nach .../zum Bahnhof/...	Jag skulle vilja åka till .../till (järnvägs) tationen/... *jah skulle willja oka till .../till (järnwägs) staschuhnen/...* Jag ska till .../till (järnvägs)stationen, tack. *jah skah till .../till (järnwägs)staschuhnen, tack.*
Was bekommen Sie?	Hur mycket är jag skyldig? *hür mycke eh jah schylldi?*
Geben Sie mir bitte eine Quittung.	Kan du ge mig ett kvitto? *kann dü geh mej ett kwittu?*
Danke, der Rest ist für Sie.	Tack, resten är till dig. *tack, resten eh till dej.*

Per Anhalter

Ich möchte nach Uppsala/... mitfahren.	Jag skulle vilja åka med till Uppsala/... *jah skulle willja oka meh till uppsahla/...*
Würden Sie mich (ein Stück) mitnehmen?	Kan jag åka med (en bit)? *kann jah oka meh (enn biht)?*
Bitte lassen Sie mich hier/in ... aussteigen.	Släpp av mig här/i ..., tack. *släpp ahw mej här/i ..., tack.*
Kennen Sie jemanden, der mich heute/ morgen nach Uppsala/... mitnehmen könnte?	Känner du till någon som kan ge mig skuts till Uppsala/... idag/imorgon? *chännr dü nohgon somm kann jeh mej schuss till uppsahla/... idahg/imorron?*

Wortliste Nahverkehrsmittel

abfahren
avgå ahwgo
Abfahrt
avgång
ahwgong
Adresse
adress adress
ankommen
ankomma
annkomma
Ankunft
ankomst
annkommst
ausrufen
ropa ut
rupa üt
aussteigen
stiga av
stiga ahw
Bahnhof
bangård
bahngord,
(järnvägs)station
(järnwägs) staschun
Bus bus buss
Busbahnhof
busstation
busstaschuhn
Bushaltestelle
(buss)hållplats
(buss)hollplats
Busfahrt
(kurz:)
busstur busstür,
(lang:)
bussresa
bussresa

einsteigen
stiga på
stiga poh
Entfernung
avstånd
ahwstonnd
fahren
köra chöra
Fahrkarte
biljett biljett
Fahrkartenschalter
biljettlucka
biljettlucka
Fahrpreis
biljettpris
biljettprihs
Fahrschein
biljett biljett
Fahrt
tur tür
Flughafen
flygplats
flygplats
halten
hålla holla
Haltestelle
hållplats
hollplats
Hotel
hotell hotell
Kilometerpreis
kilometerpris
chilumehtrprihs
Linie linje linje
Nahverkehr
lokaltrafik
lukahltrafihk

Nahverkehrsmittel
benutzen
åka kommunalt
oka kommünahlt
Quittung
kvitto
kwittu
Richtung
riktning riktning,
håll holl
Stadt
stad
stahd
Stadtrundfahrt
(stads)rundtur
(stahds)rundtür
Taxi taxi taxi
Taxifahrer
taxichufför
taxischofföhr
Taxistand
taxistation
taxistaschuhn
Trinkgeld
dricks
dricks
umsteigen
byta byta
Verspätung
försening
föschehning
warten
vänta
wännta
Wartesaal
väntsal
wänntsal

Reisen mit Kindern

Wir sind zu viert/...	Vi är fyra/... wi eh fyra/...
Gibt es eine/-n Ermäßigung/Sonder-tarif für Kinder?	Finns det barnrabatt? finns deh bahrnrabatt?
Können Sie ein Kinderbett in das Zimmer stellen?	Kan du ställa in en barnsäng i rummet? kann dü ställa inn enn bahrnsäng i rummet?
Haben Sie ein/-en Kinderbett/Kinderstuhl/...?	Har du en barnsäng/barnstol/...? hahr dü enn bahrnsäng/bahrnstuhl/...?
Sind im Hotel noch mehr Kinder?	Är det andra barn i hotellet? eh deh andra bahrn i hotellet?
Gibt es hier Veranstaltungen/... für Kinder?	Finns det evenemang/... för barn? finns deh ewenemanng/... för bahrn?
Gibt es hier einen Vergnügungspark/Kinderspielplatz/...?	Finns det en nöjespark/lekplats/...? finns deh enn nöijespark/lehkplats/...?
Gibt es hier ein Planschbecken/...?	Finns det en plaskdamm/...? finns deh enn plasskdamm/...?
Kennen Sie jemanden, der für uns babysitten kann?	Känner du någon som vi kan få som barnvakt? chännr dü nohgon somm wi kann fo somm bahrnwackt?
Haben Sie auch ein Kindermenü/Kinderportionen?	Finns det barnmeny/barnportioner? finns deh bahrnmeny/bahrnporschuhnr?
Können Sie diese Flasche für mich wärmen?	Kan du värma den här flaskan för mig? kann dü wärma denn här flaskan för mej?
Gibt es hier einen Wickelraum/...?	Finns det ett skötrum/... här? finns deh ett schöhtrumm/... här?
Wo kann ich mein Baby füttern/...?	Var kan jag mata/... min baby? wahr kann jah mahta/... min bejbi?
Wo kann ich mein Baby stillen/...?	Var kan jag amma/... min baby? wahr kann jah amma/... min bejbi?

Wortliste Reisen mit Kindern

Baby baby bejbi	**Kindernahrung** barnnäring bahrnnähring	**Spielkameraden** lekkamrater lehkkamrahtr
Babysitter barnvakt bahrnwackt	**Mädchen** flicka flicka	**Spielzeug** leksaker lehksahkr
Junge pojke pojke	**Schnuller** napp napp	**Tochter** dotter dottr
Kind/-er barn bahrn, barn bahrn	**Schwimmflügel** simdyna simmdyna	**Wickelraum** skötrum schöhtrumm
Kinderarzt barnläkare bahrnlähkare	**Schwimmring** simdyna simmdyna	**Wickeltisch** skötbord schöhtbuhrd
Kinderermäßigung barnrabatt bahrnrabatt	**Sohn** son sohn	

Unterkunft

i Die Hotels in Schweden genügen hohen Ansprüchen. Gast-
höfe und Pensionen sind eher selten. Daher werden die Ange-
bote der „Wandererheime" auch gerne von Autoreisenden ge-
nutzt. Für die Hauptsaison sollte man sich voranmelden. Eine
„stuga" muß nicht notwendigerweise eine Hütte sein, sondern
ist eher als ein Ferienhaus zu bezeichnen.
Über Schilder am Straßenrand werden auch Privatzimmer an-
geboten. Eine weitere Alternative bieten die Motels, die ent-
lang der Hauptreiserouten zu finden sind.

Information

Können Sie mir/uns ein gutes/ruhi-
ges/zentral gelegenes/... Hotel
empfehlen?
Kennen Sie einen idyllisch gelege-
nen Gasthof?
Wo kann man ein Ferienhaus
mieten?
Gibt es hier in der Nähe einen schö-
nen /sauberen/... Campingplatz?

Wieviel kostet eine Übernachtung
ungefähr?
Wo ist das Hotel .../die Pension ...?

Beschreiben Sie mir bitte den Weg.

Kan du rekommendera ett bra/lugnt/centralt/...
hotell (åt mig/oss)? kann dü rekommendehra ett
brah/lungnt/sentrahlt/... hotell (oht mej/oss)?
Känner du en idyllisk belägen gästgivargård?
chännr dü enn idyllisk belähgen jässtjiwargohrd?
Var kan man hyra en sommarstuga?
wahr kann mann hyra enn sommarschtüga?
Finns det här i närheten en vacker/ren/...
camping-plats? finns deh här i närheten en
wackr/rehn/... campingplats?
Hur mycket kostar övernattningen ungefär?
hür mycke kosstar öwrnattningen unnjefähr?
Var ligger hotellet ... /pensionatet ...?
wahr liggr hotellet ... /pangschunahtet ...?
Var snäll och beskriv vägen åt mig.
wahr snäll ock beskrihw wägen oht mej.

Hotel

Für mich/uns ist ein Zimmer
reserviert.
Haben Sie ein Einzelzimmer/...
frei?
Ich möchte ein Zimmer mit Meer
blick/...
Können Sie ein 3. Bett in das
Zimmer stellen?

Det finns ett rum reserverat för mig/oss.
deh finns ett rumm reserwehrat för mej/oss.
Har du ett ledigt enkelrum/...?
hahr dü ett lehdit enkelrumm/...?
Kan du ge mig ett rum med havsutsikt/...?
kann dü jeh mej ett rumm meh hahwsütsikt/...?
Kan du ställa in en tredje säng i rummet?
kann dü ställa inn enn trehdje säng i rummet?

Gibt es eine Ermäßigung für Kinder/ Gruppen/...?	Finns det barnrabatt/grupprabatt/...? finns deh bahrnrabatt/grupprabatt/...?
Sind Hunde/... erlaubt?	Får man ha hundar/... med sig? fohr mann hah hundar/... meh sej?
Haben Sie eine/-n Garage/Park- platz?	Har ni garage/parkeringsplats? hahr ni garahsch/parkehringsplats?
Haben Sie einen Safe?	Har ni ett kassaskåp? hahr ni ett kassaskop?
Hat das Hotel ein/-en Schwimm- ad/eigenen Strand?	Har hotellet en swimmingpool/egen strand? hahr hotellet enn swimmingpool/egen strand?
Ich bleibe ... Tag/-e/Woche/-n.	Jag stannar ...dag/dagar/... vecka/veckor. jah stannar ... dahg/dahgar/... wecka/weckur.
Kann ich das Zimmer sehen?	Kan jag få se på rummet? kann jah fo seh po rummet?
Ich nehme das Zimmer.	Jag tar rummet. jah tahr rummet.
Ich möchte ein anderes/billigeres/ größeres/... Zimmer.	Jag skulle vilja ha ett annat/billigare/större/... rum. jah skulle willja hah ett annat/billigare/ större/... rumm.
Was kostet das Zimmer mit Halbpension/Frühstück/...?	Vad kostar kostar rummet med halvpension/ frokost/...? wah kosstar rummet meh hallwpang- schuhn/frukost/...?
Füllen Sie bitte das Anmelde- formular aus.	Fyll i den här anmälningsblanketten, tack. fyll i denn här annmälningsblanketten, tack.
Bitte lassen Sie die Sachen auf mein Zimmer bringen.	Var snäll och bär upp bagaget till mitt rum. wahr snäll ock bär upp bagahschet till mitt rumm.
Wo ist der Frühstücksraum/die Bar/...?	Var ligger frukostrummet/baren/...? wahr liggr frukostrummet/bahren/...?
Bitte den Schlüssel für Zimmer...	Nyckeln till rum ..., tack. nyckeln till rumm ..., tack.
Können Sie das für mich im Safe aufbewahren?	Kan du förvara det här för mig i kassaskåpet? kann du förwahra deh här för mej i kassaskopet?
Ich möchte meine Sachen aus dem Safe nehmen.	Jag skulle vilja ta mina saker utur kassaskåpet. jah skulle willja tah üt mina sahkr ütür kassaskopet.
Ist Post/eine Nachricht für mich da?	Finns det någon post/något meddelande för mig? finns deh nohgon post/nohgot meddelande för mej?
Wenn jemand nach mir fragt, bin ich an der Bar/...	Om någon frågar efter mig, är jag i baren/... omm nohgon frogar äftr mej, eh jah i bahren/...
Wo kann ich mich für den Ausflug nach ... anmelden?	Var kan jag anmäla mig till utflykten till ...? wahr kann jah anmäla mej till ütflykten till ...?
Kann ich hier Geld umtauschen?	Kan jag växla pengar här? kann jah wäxla pengar här?
Wo kann ich telefonieren?	Var kan jag telefonera? wahr kann jah telefonehra?
Können Sie eine Telefonverbindung nach Deutschland/... herstellen?	Kan du ordna telefonförbindelse med tyskland/...? kann dü urdna telefohnförbindelse meh tysskland/...?
Ich möchte die Hose/das Hemd/... reinigen lassen.	Jag skulle vilja få byxorna/skjortan/... kemtvättade/ kemtvättad. jah skulle willja fo byxurna/schurtan/... chehmtwättade/chehmtwättad.

Beanstandungen

Die Dusche/Spülung/Klimaanlage/... funktioniert nicht.	Duschen/spolningen/luftkonditioneringen/... fungerar inte. duschen/spulningen/luftkondischunehringen/... fungehrar inte.
Es kommt kein Wasser/warmes Wasser.	Det kommer inget vatten/varmt vatten. deh kommr inget watten/warmt watten.
Bringen Sie mir/uns bitte einige Kleiderbügel/...	Kan du ge mig/oss några klädhängare/... kann dü jeh mej/oss nohgra klädhängare/...
Der Wasserhahn tropft.	Vattenkranen droppar. wattenkrahnen droppar.
Das Waschbecken/Die Toilette ist verstopft.	Det är stopp i handfatet/toaletten. deh eh stopp i handfahtet/toaletten.
Haben Sie ein ruhig gelegenes Zimmer?	Finns det ett rum som ligger tyst beläget? finns deh ett rumm somm liggr tysst belähget?
Das Fenster/... geht nicht auf/zu.	Fönstret/... går inte att öppna/stänga. fönnstret/... gohr inte att öppna/stänga.
Das Zimmer ist nicht gereinigt worden.	Rummet är inte rengjort. rummet eh inte rehnjurt.

Wortliste Hotel

Abendessen middag midda	**Bedienung** betjäning bechähning;	**Frühstücksraum** frokostrum
Abreise avresa ahwresa	fröken fröken (weibl.), hovmästare	fruhkostrumm **Garage**
Adresse adress adress	hohwmästare (männl.)	garage garahsch
Anmeldung anmälan	**Bettdecke** sängtäcke sänngtäcke	**Gepäck** bagage bagahsch
anmälan **aufbewahren**	**Bettwäsche** sänglinne sännglinne	**Halbpension** halvpension
förvara förwahra	**Diskothek** diskotek	hallwpangschuhn **Handtuch**
Ausflug utflykt ütflykt	diskutehk **Einzelzimmer**	handduk handdük **Heizung**
Aussicht utsikt ütsikt	enkelrum ennkelrumm	värme wärme **Hotel** hotell hotell
Bad bad bahd	**Fenster** fönster fönnstr	**Hotelpersonal** hotellpersonal
Badewanne badkar bahdkahr	**Fernseher** teve tehwe	hotellpeschunahl **Kinderbetreuung**
Balkon balkong balkonng	**Frühstück** frokost frukost	barntillsyn bahrntillsyn
Bar bar bahr		

Kinderbett
barnsäng bahrnsäng
Kinderspielplatz
lekplats lehkplats
Kissen
kudde kudde
Kleiderbügel
klädhängare
klädhängare
Klimaanlage
luftkonditionering
lufftkondischunehring
Kreditkarte
kreditkort kreditkurt
Kühlschrank
kylskåp chylskop
Lampe
lampa lampa
Lärm buller bullr
laut
högljud höhgjüdd,
hög höhg
Liegestuhl
liggstol liggstuhl
Meerblick
havsutsikt
hahwsühtsikt
Mittagessen
lunch lunsch
Nacht natt natt
Nachttischlampe
nattlampa
nattlampa
Papierkorb
papperskorg
pappeschkorj
Parkplatz
parkeringsplats
parkehringplats
Pension
pensionat
pangschunaht
Portier portier portjeh
Preis pris prihs

Privatstrand
privatstrand
priwahtstrand
Privatzimmer
privatrum
priwahtrumm
Radio
radio rahdiu
Rechnung
räkning räkning
reinigen
rengöra rehnjöra,
kemtvätta
chehmtwätta
Reisebüro
resebyrå rehsebyroh
Reiseleiter
reseledare rehselehdare
reservieren lassen
reservera reserwehra
Rezeption
reception
resepschuhn
ruhig lugn lungn
Saal sal sahl
Saison säsong säsong
Sauna bastu bastü
Scheck check check
Schlüssel
nyckel nyckel
Schwimmbad
simhhall simmhall,
swimmingpool
swimmingpuhl
Sonnenschirm
parasoll parasoll
Speisesaal
matsal mahtsahl
Spülung (WC)
spolning spulning
Strand strand strand
Tag dag dahg
Taxi taxi taxi
Terrasse terrass terrass

Toilette toalett toalett
Toilettenpapier
toalettpapper toalettpappr
Trinkgeld dricks dricks
Übernachtung
övernattning öwrnattning
Unterhaltungsprogramm
underhållningsprogram
undrhollningsprugramm
Verlängerungswoche
en vecka längre
enn wecka längre
Vollpension
helpension
hehlpangschuhn
warmes Wasser
varmt vatten
warmt watten
waschen tvätta twätta
Wasser
vatten watten
Wasserglas
vattenglas wattenglahs
Wasserhahn
vattenkran
wattenkrahn
Wasserleitung
vattenledning
wattenledning
wecken
väcka wäcka
wohnen bo bu
Zimmer rum rumm
Zimmerkellner
våningskypare
woningschypare
Zimmermädchen
städerska städeschka
Zimmerschlüssel
rumsnyckel
rummsnyckel
Zimmertelefon
rumstelefon
rummstelefohn

Ferienwohnung/Ferienhaus

Wir haben die Wohnung/das Haus/... gemietet.
Vi har hyrt lägenhet/huset/...
wi hahr hyrt lähgenheht/hüset/...

Bitte hier ist der Mietvertrag.
Var så god, här är hyreskontraktet.
wahschegu, här eh hyhreskontracktet.

Welche Nebenkosten sind im Mietpreis enthalten?
Vilka extra kostnader är inbegripen i hyran?
willka extra kostnadr eh inbegripen i hyran?

Wo ist der Sicherungskasten/ die Mülltonne/...?
Var finns propplådan/ soptunnor/...?
wahr finns propplodan/suhptunnur/...?

Wo ist der Stromzähler/...?
Var finns elmätaren/...? *wahr finns älmähtaren/...?*

Wie funktioniert der Herd/die Mikrowelle/...?
Hur fungerar spisen/mikrovågsugnen/...?
hür fungehrar spisen/mikrowogsungnen/...?

Gibt es hier einen Grill/...?
Finns det en grill/... här?
finns deh enn grill/... här?

An welchen Tagen kommt das Zimmermädchen?
På vilka dagar kommer städerskan?
po willka dahgar kommr städeschkan?

Müssen wir für das Zimmermädchen/... extra bezahlen?
Ska vi betala extra för städerskan/...?
skah wi betahla extra för städeschkan/...?

Wann kommt der Poolservice?
När görs simbassängen i ordning?
när jöhsch simmbassängen i urdning?

Wer bezahlt die Endreinigung?
Vem betalar slutstädningen?
wemm betahlar slütstädningen?

Wo kann man Kaminholz/... kaufen?
Var kan man köpa ved/...?
wahr kann mann chöpa wehd/...?

Wortliste Ferienwohnung/Ferienhaus

Abreisetag	**Brennofen**	**Ferienhaus**
dag för avresa	brännugn *brännungn*	sommarstuga
dahg för ahwresa	**Bügeleisen**	*sommaschtüga*
Anreisetag	strykjärn *strykjärn*	**Ferienwohnung**
ankomstdag	**Bungalow**	semesterlägenhet
annkommstdahg	bungalow *bungalo*	*semesstrlähgenheht*
Appartment	**Elektroherd**	**Garten**
lägenhet *lähgenheht*	elspis *älspihs*	trädgård *trägohrd*
Badezimmer	**Endreinigung**	**Gasherd**
badrum *bahdrumm*	slutstädningen	gasspis *gahsspihs*
Balkon balkong *balkonng*	*slütstädningen*	**Geschirr** porslin *porslihn*
Besteck bestick *bestick*	**Eßecke**	**Geschirrhandtuch**
Brennholz	matplats	kökshandduk
ved *wehd*	*mahtplats*	*chökshanddük*

60

Geschirrspüler	**Miete** hyra hyra	**Spülmaschine**
diskmaskin diskmaschihn	**Mietvertrag**	dismaskin
Hausbesitzer	hyreskontrakt	disskmaschihn
husägare hüsägare	hyhreskontrackt	**Strom** ström strömm
Herd spis spihs	**Mikrowelle**	**Stromspannung**
Heizung värme wärme	mikrovågsugn	elspänning
Hütte stuga stüga	mikrowogsungn	älspänning
Kaffeemaschine	**Mülltonne**	**Stromzähler**
kaffebryggare	soptunna suhptunna	elmätare älmätare
kaffebryggare	**Nebenkosten**	**Toaster** brödrost bröhdrost
Kamin	extrakostnader	**Toilette**
öppen spis öppen spihs	extrakostnadr	toalett toalett
Kaminholz ved wehd	**Schlafzimmer**	**Verbrauch**
Kinderzimmer	sovrum sohwrumm	förbrukning
barnkammare	**Schlüsseladresse**	förbrühkning
bahrnkammare	nyckeladress	**Waschmaschine**
Kochnische	nyckeladress	tvättmaskin
kokvrå kuhkwroh	**Schlüsselübergabe**	twättmaschihn
Küche kök chöhk	överlämnande av nycklar	**Wohnzimmer**
Kühlschrank	öwrlämmnande ahw	vardagsrum
kylskåp chylskop	nycklar	wahrdahgsrumm

Camping

i Wildes Campen ist zwar erlaubt, wird aber nicht gern gesehen. Als Alternative bieten sich die sehr gepflegten und gut ausgestatteten Campingplätze an.

Gibt es in der Nähe einen schönen/ ruhigen/... Campingplatz?	Finns det i närheten en vacker/lugn/... campingplats? finns deh i närheten enn wackr/lungn/... campingplats?
Wo ist der Campingplatz ...?	Var ligger campingplatsen ...? wahr liggr campingplatsen ...?
Dürfen wir auf Ihrem Grundstück zelten?	Får vi lov att tälta på din tomt? fohr wi lohw att tällta po din tommt?
Haben Sie einen deutschsprachigen Prospekt?	Har du en broschyr på tyska? hahr dü enn broschyhr po tyska?
Haben Sie noch Plätze frei für ein/-en Zelt/Wohnwagen?	Har du plats för ytterligare ett tält/en husvagn? hahr dü plats för ytterligare ett tällt/enn hüswangn?
Kann man hier für ... Tag/-e/Woche/-n ein/-e Zelt/Hütte/... mieten?	Hyr du ut tält/stugor/... för ... dag/dagar/... vecka/veckor? hür dü üt tällt/stügur/... för ... dahg/dahgar/... wecka/weckur?

Wieviel kostet es pro Nacht/...?	Hur mycket kostar det per natt/...?
	hür mycke kostar deh per natt/...?
Kann ich den Platz besichtigen?	Kan jag få titta på platsen?
	kann jah fo titta po platsen?
Dürfen wir unser Zelt hier auf-	Får vi slå upp vårt tält här?
schlagen?	fohr wi slo upp wort tällt här?
Ist der Platz nachts bewacht?	Bevakas platsen under natten?
	bewahkas platsen unndr natten?
Gibt es hier ein/-en Schwimmbad/	Finns det en simhall/tennisplats/... här?
Tennisplatz/...?	finns deh enn simmhall/tennisplats/... här?
Kann man hier Volleyball/Tisch-	Kan man spela volleyboll/bordtennis/... här?
tennis/... spielen?	kann mann spela wolliboll/buhrdtennis/... här?
Kann man hier ein Surfbrett/...	Hyr du ut vindsurfingbrädor/...?
mieten?	hyr dü üt windsörfingbrädur/...?
Gibt es hier ein Lebensmittel-	Finns det en livsmedelsafffär/... här?
geschäft/...?	finns deh enn lihwsmedelsaffär/... här?
Gibt es hier einen Stromanschluß/...?	Har du eluttag/... här? hahr dü älüttahg/... här?
Wo sind die Toiletten und der	Var liggerr toaletterna och tvättrummet?
Waschraum?	wahr liggr toalettrna ock twättrummet?
Haben Sie eine Verlängerungs-	Har du en skarvsladd/...?
schnur/...?	hahr dü enn skarwsladd/...?

Wortliste Camping

Anzahlung	**Gaskocher**	**Steckdose**
handpenning	gaskök gahs-chök	väggkontakt wäggkontakt
handpenning	**Grundstück**	**Stecker**
aufschlagen	tomt tommt	stickkontakt stickkontakt
slå upp slo upp	**Hammer**	**Strom** ström strömm
Bauernhof	hammare hammare	**Trinkwasser**
bondgård bundgohrd	**Herd** spis spihs	dricksvatten drickswatten
Benutzungsgebühr	**Kocher** kokare kukare	**Verlängerungsschnur**
(användnings) avgift	**leihen (ver-)**	skarvsladd skarwsladd
(anwändnings) ahwjift	låna ut lona üt,	**Waschraum**
Camping	hyra ut hyra üt	tvättrum twättrum
camping camping	**leihen** låna lona	**Wohnmobil**
Campingausweis	**Leihgebühr**	husbil hüsbil
campingkort	låneavgift lohneahwjift	**Wohnwagen**
campingkurt	**Mitgliedskarte**	husvagn hüswangn
Campingplatz	medlemskort	**Zelt** tält tällt
campingplats campingplats	mehdlemmskurt	**zelten** tälta tällta
Ermäßigung	**Schlafsack**	**Zeltplatz**
rabatt rabatt	sovsäck sohwsäck	tältplats tälltplats

Ich reise heute mittag/morgen früh/... ab.
Jag resar idag vid lunchtid/imorgon bitti/...
jah resar idahg wihd lunschtihd/ imorron bitti/...

Kann ich mein Gepäck bis 12.00/... Uhr hier lassen?
Kan jag lämna mitt bagage här till klockan tolv/...?
kann jah lämmna mitt bagahsche här till klockan tollw/...?

Bestellen Sie uns bitte für morgen 11.00/... Uhr ein Taxi.
Var snäll och beställ oss en taxi till klockan elva/... imorgon bitti.
wahr snäll ock beställ oss enn taxi till klockan ellwa/... imorron bitti.

Wecken Sie mich/uns bitte um 06.00/... Uhr.
Väck mig/oss imorgon bitti klockan sex/..., tack.
wäck mej/oss imorron bitti klockan sex/..., tack.

Machen Sie mir bitte die Rechnung fertig.
Kan du skriva ut räkningen?
kann dü skriwa üt räkningen?

Kann ich mit ...-schecks/Kredit-karte/DM/... bezahlen?
Kan jag betala med ...-check/kreditkort/D-mark/...?
kann jah betahla meh ...-check/kreditkurt/deh-mark/...?

Senden Sie bitte meine Post an diese Adresse nach.
Var snäll och eftersend min post till den här adressen.
wahr snäll ock äfteschänd min-post till denn här adressen.

Vielen Dank für alles.
Tack för allt. tack för allt.

Gastronomie

i

Neben guten Restaurants der gehobenen Preisklasse findet man besonders in den Urlaubsorten „värdshus" genannte Gasthöfe. Fischgerichte sind besonders zu empfehlen. Als günstiges Angebot gilt das Tagesgericht („dagens rätt"), das in der Mittagszeit, meist auf einer Tafel vor der Tür, von einfachen Restaurants oder Cafeterien angeboten wird. Eine Besonderheit stellt das „smörgåsbord" dar, zu vergleichen mit einem kalten Büffet. Man darf sich immer wieder davon bedienen, sollte aber jedesmal einen neuen Teller nehmen. Zum Abschluß trinkt man Kaffee. Die Bedienung macht man durch Handzeichen auf sich aufmerksam oder dadurch, daß man fragt, ob man etwas bestellen oder zahlen kann. Auch wenn die Bedienung im Preis inbegriffen ist, darf man den Betrag aufrunden. Daß jeder für sich zahlt, ist in Schweden nichts Ungewöhnliches. Während die (leichte) Mittagsmahlzeit „lunch" genannt wird, trifft man sich abends zur warmen Mahlzeit, die „middag" heißt. Zum Essen eingeladene Gäste bedanken sich anschließend für das Essen mit den Worten „tack för maten" („Danke für das Essen").

Reservierung

Können Sie mir/uns ein gutes/preiswertes/... Restaurant empfehlen?
Kan du rekommendera en bra/priswärd/... restaurang? kann dü rekommendehra enn brah/priswärd/... restorang?

Ich möchte einen Tisch für heute abend/... für ... Personen reservieren lassen.
Jag skulle vilja reservera ett bord för ... personer till i kväll/... jah skulle willja reserwehra ett buhrd för ... peschuhnr till i kwäll/...

Ich möchte einen Tisch am Fenster/auf der Terrasse.
Jag skulle vilja ha ett bord vid fönstret/på terrassen. jah skulle willja hah ett buhrd wihd fönnstret/po terrassen.

Entschuldigen Sie, ist dieser Stuhl/ Tisch noch frei?
Ursäkta, är den här stolen ledig/det här bordet ledigt? ühschäckta, eh denn här stulen lehdi/ deh här buhrdet lehdit?

Entschuldigung, wo sind die Toiletten?
Ursäkta, var ligger toaletterna? ühschäckta, wahr liggr toalettrna?

Bestellung

Bedienung! *(männlich)*	Hovmästarn! hohwmästarn!
Bedienung! *(weiblich)*	Fröken! fröken!
Bringen Sie mir/uns bitte die Speise-karte/Weinkarte/...	Kan jag/vi få matsedeln/vinlistan/..., tack. kann jah/wi fo mahtsehdeln/wihnlistan/..., tack.
Woraus besteht das Tagesmenü?	Vad är dagens rätt? wah eh dahgens rätt?
Haben Sie auch ein Kindermenü/ Diätkost?	Har du även en barnmeny/dietkost? hahr dü äwen enn bahrnmenyh/diähtkosst?
Ich nehme das Tagesmenü.	Jag tar dagens rätt. jah tah dahgensrätt.
Was können Sie mir/uns empfehlen?	Vad kan du rekommendera? wah kann dü rekommendehra?
Als Hauptgericht/Vorspeise nehme ich ...	Som huvudrätt/förrätt tar jag ... somm hüwüdrätt/förrätt tahr jah ...
Ich möchte ein/-e Glas/Flasche Weißwein/Bier/...	Jag skulle vilja ha ett glas/en flaska vitt vin/öl/... jah skulle willja hah ett glahs/enn flasska witt wihn/öl/...
Bringen Sie mir/uns bitte Wasser/...	Kan jag/vi få vatten/..., tack. kann jah/wi fo watten/..., tack.
Ich möchte mein Fleisch gut durch-gebraten/ohne Soße/...	Jag skulle vilja ha mitt kött väl genomstekt/utan sås/... jah skulle willja hah mitt chött wäl jennommstehkt/ütan sohs/...
Guten Appetit!	Smaklig måltid! smahkli mohltihd!
Kann ich noch etwas Brot/Butter/... bekommen?	Kan jag/vi få lite mer bröd/smör/..., tack. kann jah/wi fo lite mehr bröhd/smör/..., tack.
Ich möchte gerne ein/-en Dessert/ Kaffee/...	Jag skulle vilja ha efterrätt/kaffe/... jah skulle willja hah äfftrrätt/kaffe/...

Beanstandungen

Das Essen ist kalt/zu fett/...	Maten är kall/för fet/... mahten eh kall/för feht/...
Das Fleisch ist zäh/...	Köttet är segt/... chöttet eh sehgt/...
Der Fisch ist nicht frisch.	Fisken är inte färsk. fissken eh inte fäschk.
Das kann ich nicht essen.	Det här går inte att äta. deh här gohr inte att äta.
Hier fehlt ein/-e Messer/Gabel/ Serviette/...	Det fattas en kniv/gaffel/servett/... deh fattas enn knihw/gaffel/serwett/...
Das scheint mir nicht zu stimmen.	Det verkar inte stämma. deh werkar inte stämma.
Das habe ich nicht bestellt.	Det här har jag inte beställt. deh här hahr jah inte beställt.
Ich wollte ... haben.	Jag ville ha ... jah wille hah ...
Nehmen Sie das bitte zurück.	Var snäll och ta tillbaka det. wahr snäll ock tah tillbahka deh.
Holen Sie bitte den Chef.	Kan jag få prata med hovmästaren. kann jah fo prahta meh hohwmästaren.

Rechnung

Bezahlen bitte.	Kan jag få betala? kann jah fo betahla?
Ich zahle alles zusammen.	Jag betalar allt tillsammans.
	jah betahlar allt tillsammans.
Wir möchten getrennt zahlen.	Vi betalar notan var för sig.
	wi betahlar nutan wahr för sej.
Das habe ich nicht gehabt.	Det här har jag inte haft.
	deh här hahr jah inte hafft.
Die Rechnung scheint mir nicht zu stimmen.	Räkningen verkar inte stämma.
	räkningen werkar inte stämma.
Danke, stimmt so.	Tack, det är jämnt. tack, deh eh jämmnt.

Gemeinsam essen

Guten Appetit!	Smaklig måltid! smahkli mohltihd!
Das schmeckt sehr gut.	Det smakar mycket gott.
	deh smahkar mycke gott.
Darf ich dir/Ihnen hiervon/... reichen?	Får jag räcka dig härav/...?
	fohr jah räckar dej härahw/...?
Danke, im Moment nicht.	Tack, inte för ögonblicket.
	tack, inte för öhgonblicket.
Danke, ich bin satt.	Tack, jag är mätt. tack, jah eh mätt.
Können Sie mir bitte ... reichen?	Kan du vara snäll och räcka mig ...?
	kann dü wahra snäll ock räcka mej ...?
Ich möchte keinen Alkohol.	Jag vill ingen alkohol.
	jah will ingen allkohol.
Darf ich rauchen?	Får jag lov att röka?
	fohr jah lohw att röka?
Das Essen war ausgezeichnet.	Maten var utmärkt.
	mahten wahr ütmärkt.
Vielen Dank für die Einladung.	Tack så mycket för inbjudan.
	tack so mycke för innbjüdan.

Wortliste Restaurant

Abendessen	**Aufschnitt**	**Bestellung**
middag midda	pålägg pohlägg	beställning beställing
alkoholfrei	**Bedienung (männlich)**	**bezahlen**
alkoholfri alkohohlfri	hovmästare hohwmästare,	betala betahla
Aschenbecher	**(weiblich)** fröken fröken	**Brot** bröd bröhd
askkopp askkopp	**Besteck** bestick bestick	**Butter** smör smör

67

Dessert
efterrätt äfftrrätt
Diätkost
dietkost diähtkosst
Dressing dressing dressing
durchgebraten
genomstekt
jennommstehkt
empfehlen
rekommendera
rekommendehra
essen äta äta
Essig ättika ättika
fett fet feht
fettig fet feht
Fisch fisk fissk
Fleisch kött chött
Fräulein
fröken fröken
frisch färsk fäschk
Frühstück
frukost frukost
Gabel gaffel gaffel
gebacken
bakad bahkad
gebraten
stekt stehkt
gedämpft
ångkokt ongkukt
Gedeck
kuvert kuwähr,
meny menyh
gedünstet
ångkokt ongkukt
Geflügel
fågel fogel
gefüllt
fylld fülld
gekocht
kokt kuhkt
Gemüse
grönsaker gröhnsahkr
geräuchert
rökt röhkt

geröstet
rostad rostad
Getränk
dryck dryck
getrennt
var för sig wahr för sej
gewürzt
kryddad kryddad
Glas glas glahs
Hauptgericht
huvudrätt hüwüdrätt
heiß varm warm
Hunger
hunger hungr
Hunger haben
vara hungrig
wahra hungri
kalt kall kall
Karaffe
karaff karaff
Kartoffeln
potatis putahtis
Kellner/-in
hovmästare
hohwmästare,
fröken fröken
Kindermenü
barnmeny
bahrnmenyh
Löffel sked schehd
mager
mager mahgr
Menü
meny menyh
Messer
kniv knihw
Mittagessen
lunch lunsch
Obst frukt fruckt
Öl olja ollja
Pfeffer
peppar peppar
Portion
portion porschuhn

probieren
prova pruwa
Rechnung
nota nuta,
räkning räkning
Restaurant
restaurang restoranng
saftig saftig saffti
Salat sallad sallad
Salz salt sallt
sauer sur sür
scharf stark stark
schmackhaft
smaklig smahkli
Serviette
servett serwett
Soße sås sohs
Speisekarte
matsedel mahtsehdel
süß söt söht
Tagesmenü
dagens rätt dahgens rätt
Tasse kopp kopp
Teller tallrik tallrihk
Tischdecke
bordduk buhrddük
trinken
dricka dricka
Trinkgeld
dricks dricks
Vorspeise
förrätt föhrrätt
warm varm warm
weich mjuk mjühk
Weinkarte
vinlista wihnlista
Wild vilt willt
zäh seg sehg
Zahnstocher
tandpetare tanndpehtare
zart mör mör
Zucker socker sockr
zusammen (hier:)
tillsammans tillsámmans

Smörgåsbord

Kaltes Buffet

Bei einem solchen „smörgåsbord" besteht das Angebot aus verschiedenen Herings-
sorten (sill), Lachs (lax), warmen Fischgerichten, Fleisch (kött), Schinken (skinka),
Wurst (korv), diversen Gemüsesalaten und verschiedenen Eierspeisen.
Im Anschluß daran ißt man noch Käse (ost), Obst (frukt) oder Nachspeisen. Dazu
trinkt man Kaffee.

Vorspeisen

Västkustsallad
wässtkusstsallad
**Salat mit Muscheln,
Garnelen, Erbsen und
Spargel**

Gravad/Rökt/Kokt lax
grahwad/röhkt/kuhkt lax
**rohgebeizter/geräucher-
ter/gekochter Lachs**

Skaldjurs-/Räkcocktail
skahljürs-/rähkkocktejl
**Cocktail mit Meeres-
früchten /Krabben**

Smörgås
smöhrgohs
Belegtes Brot

Toast Skagen
toust skahgen
Toast mit Garnelen u. a.

Avocado med räkor
awukahdu meh räkur
Avocado mit Krabben

Inlagd sill
innlahgd sill
Eingelegter Hering

Ost- och skinkpaj
usst- ock schinkpaj
**Quiche mit Käse und
Schinken**

Löjromstoast
löjjrommstoust
**Toast mit Rogen von
kleinen Moränen**

SOS ëss u ess
(Sill, ost och smör)
(sill, usst ock smör)
**Hering, Käse, Brot und
Butter**

Suppen

Ärtsoppa (med fläsk)
ärrtsoppa (meh flässk)
**Erbsensuppe mit
Schweinefleisch**

Sparrissoppa
sparrissoppa
Spargelsuppe

Purjo- och Potatissoppa
purrju- och putahtissoppa
**Lauch- und
Kartoffelsuppe**

Löksoppa
löhksoppa
Zwiebelsuppe

Tomatsoppa
tumahtsoppa
Tomatensuppe

Fisk-/Musselsoppa
fissk-/musselsoppa
Fisch-/Muschelsuppe

Typisch schwedische Gerichte

Pytt i panna pytt i panna
Schwedisches Haschee

Slottstek slottstehk
**Steak nach
Schloßherrenart**

Kalvbräss kallwbräss
**Kalbsbries mit
Sahnesauce**

Inbakad köttfärs
innbahkad chöttfäsch
**Hackbraten im
Teigmantel**

Kalvfilé Oskar
kallwfileh oskar
Filet vom Rind

Sjömansbiff
schöhmannsbiff
**Eintopf mit Minuten-
steak, Kartoffeln,
Zwiebeln und Bier**

Råkakor rohkahkur
**Reibekuchen mit
Schnittlauch**

Lökdolmar löhkdolmar
Gefüllte Zwiebelröllchen

Kåldolmar kohldolmar
**Mit Hackfleisch
gefüllter Weißkohl**

Kalvfilé Oskar
kallwfileh oskar
Filet vom Rind

Köttbullar med gräddsås
och lingon
chöttbullar meh gräddsohs
ock linngon
**Fleischbällchen mit
Sahnesauce und
Preiselbeeren**

Fleischgerichte

fläsk/fläsk-
flässk/flässk-
Speck/Schweine-

grillspett grillspett
Fleischspieß

får fohr
Hammel

köttfärs chöttfäsch
Hackfleisch

kalvkött kallwchött
Kalbfleisch

kalvlever
kallwlehwr
Kalbsleber

lövbiff löhwbiff
Minutensteak

rostbiff rostbiff
Roastbeef

pepparbiff pepparbiff
Pfeffersteak

oxfilé oxxfileh
Rinderfilet

skinka schinka
Schinken

nötrulader nöhtrulahdr
Rinderrouladen

köttfärssås höttfäschsohs
Sauce Bolognaise

falukorv
fahlükorw
Fleischwurst

revbensspjäll
rehwbehnsspjäll
Rippe

lever lehwr
Leber

köttfärslimpa
chöttfäschlimpa
Hackfleischbraten

fläskkarré/-kotlett
flässkkarreh/-kottlett
**Schweinerücken/-
kotelett**

Wild

älg ällj	hjort juhrt	ren rehn
Elch	**Hirsch**	**Rentier**
hare hahre	rådjur rohjür	vildsvin willdswihn
Hase	**Reh**	**Wildschwein**

Fisch

Aal	**Flunder**	**Ostseehering**
ål ohl	flundra flundra	strömming
		strömming
Anchovis	**Hecht**	
ansjovis	gädda jädda	**Schellfisch**
anschuhwis		kolja kollja
	Heilbutt	
Barsch	helleflundra	**Scholle**
abborre	helleflundra	rödspätta röhdspätta
ábborre		
	Hering	**Seezunge**
Bückling	sill sill	sjötunga schöhtunga
böckling		
böckling	**Lachs**	**Steinbutt**
	lax lax	piggvar piggwahr
Dorsch		
torsk toschk	**Makrele**	**Thunfisch**
	makrill makrill	tonfisk tuhnfissk
Forelle		
forel	**Maräne**	**Zander**
forell	sik sihk	gös jös

Auflauf mit Anchovis	**Bücklingauflauf**	**Fischklößchen**
und Kartoffeln	Böcklingslåda	Fiskbullar
Janssons frestelse	böcklingsloda	fisskbullar
janssons fresstelse		

im Ofen gebacken	**gegrillt**	**gekocht**	**gebraten**	**geräuchert**
ugnbakad, ugnstekt	grillad	kokt	stekt	rökt
ungnbahkad, -stehkt	grillad	kuhkt	stehkt	röhkt

Schalentiere

Austern
ostron
ustron

Hummer
hummer
hummr

Krebs
kräfta
kräfta

Garnelen
räkor
räkur

Krabben
räkor räkur,
krabbor krabbur

Muscheln
musslor
musslur

Geflügel

gegrillt
grillad grillad

gekocht
kokt kuhkt

gepökelt
saltad salltad

gebraten
stekt stehkt

Ente
anka anka

Huhn
höna höna

Rebhuhn
rapphöna
rapphöna

Wildente
vildand
willdand

Fasan
fasan fasahn

Poularde
poulard pulahrd

Taube
duva
düwa

Hähnchen
kyckling
chyckling

Gans
gås gohs

Pute
kalkon kalkuhn

Beilagen

Artischocke
kronärtskocka
kruhnärtschkocka

Brot
bröd
bröhd

Gurken
gurkor
gurkur

Knollensellerie
rotselleri
ruhtselleri

Blumenkohl
blomkål
blummkohl

Champignons
champinjoner
schammpinjuhnr

Kartoffeln
potatis
putahtis

Kohlrabi
kålrabbi
kohlrabbi

Bohnen
bönor
bönur

Erbsen
ärtor
ärtur

Kartoffelpüree
potatismos
putahtismuhs

Kopfsalat
salladshuvud
salladshüwüd

**braune Bohnen
in süßer Soße**
bruna bönor
brüna bönur

Fenchel
fänkål
fähnkohl

Kartoffelscheiben
klyftpotatis
klyfftputahtis

Linsen
linser
linnsr

Mais
majs majs

Möhren
morötter
muhröttr

Nudeln
pasta pasta

Olive
oliv ulihw

Paprika
paprika
pahprika

Pastinaken
palsternacka
palstrnacka

Pfifferlinge
kantareller
kantarellr

Pilze
svamp
swammp

Pommes frites
pommes frites
pomm fritt

Porree
purjolök
purrjulöhk

Preiselbeer-kompott
lingonsylt
lingonsylt

Radieschen
rädisa
rädihsa

Reibekuchen
raggmunk
raggmunk

Reis
ris
rihs

Rosenkohl
brysselkål
brysselkohl

Rote Bete
rödbetor
rödbehtur

Sauerkraut
surkål
sürkohl

Schnittbohnen
skärbönor
schärbönur

Schnittlauch
gräslök
gräslök

Spaghetti
spaghetti
spagetti

Spargel
sparris
sparris

Spinat
spenat
spenaht

Stangensellerie
blekselleri
blehkselleri

Toast
rostat bröd
rostat bröhd

Tomate
tomat
tumaht

Weißkohl
vitkål
wihtkohl

Wirsing
savojkål
sawojjkohl

Zerlassene Butter
smältat smör
smältat smör

Zwiebeln
lök
löhk

Eierspeisen

Löskokt ägg
löhskuhkt ägg
Weichgekochtes Ei

Omelett
ommelett
Omelett

Stekt ägg
stehkt ägg
Spiegelei

Hårdkokt Ägg
hohdkuhkt ägg
Hartgekochtes Ei

Äggröra
äggröra
Rührei

Ägg och Bacon
ägg ock bejkn
Spiegeleier mit Speck

Käse und Dessert

ppelkaka
äppelkahka
Apfelkuchen

kryddost
kryddusst
Kümmelkäse

ostbricka
usstbricka
Käseplatte

ostkaka
usstkahka
Käsekuchen

prästost
prässtusst
milder, körniger Käse

fårost
fohrusst
Schafskäse

glass glass
Eis

västerbottenost
wässtrbottenusst
starker, körniger Käse

getost
jehtusst
Ziegenkäse

vafflor wafflur
Waffeln

wienerbröd
wihnrbröhd
Plunder

sveciaost
swesia-usst
halbharter Käse

keso chehsu
Hüttenkäse

herrgårdsost
herrgohrdsusst
Emmentalerähnlicher Käse

vispgrädde
wisspgrädde
Schlagsahne

cheddarost
cheddarusst
Cheddarkäse

Getränkekarte

Warme Getränke

Kaffee   **Kaffee mit/ohne Zucker/Milch**   **Kakao**   **Tee mit/ohne Zucker/Milch**
kaffe   kaffe med/utan socker/mjölk   choklad   te med/utan socker/Milch
kaffe meh/ütan sockr/mjöllk   schoklahd   teh meh/ütan/sockr/mjöllk

Alkoholfreie Getränke

Mineralwasser	**Tomatensaft**	**Milch**
mineralvatten	tomatjuice	mjölk
minerahlwatten	tumahtjuhs	mjöllk
Limonade	**Orangensaft**	**Wasser**
läsk(edryck)	apelsinjuice	vatten
lässk(edryck)	apelsihnjuhs	watten
Apfelsaft	**Preiselbeersirup**	**alkoholfreies Bier**
äppeljuice	lingondricka	alkohlfritt öl
äppeljuhs	lingondricka	alkohohlfritt öl

Alkoholische Getränke

Aquavit	**Likör**	**Weißwein**
akvavit	likör	vitt vin
akwawiht	liköhr	witt wihn
Aperitif	**Rum**	**Whisky**
aperitif	rom	whisky
aperitihf	romm	wiski
Bier	**Schnaps**	**Schwedenpunsch**
öl öl	brännvin brännwihn,	punsch
	snaps snapps	punsch
Champagner	**Wein**	**Sekt**
champagne	vin	tysk champagne
schampannj	wihn	tyssk schampannj
Glühwein	**Rotwein**	**Wodka**
glögg glögg	rödvin	wodka
Kognak	röhdwihn	wodka
konjak konnjack		

Einkaufen

i Bekannte schwedische Souvenirs sind zum einen die aus Holz geschnitzten Dalapferdchen, zum anderen die Produkte der berühmten Glashütten in Småland. Die Beschilderung „hemslöjd" weist auf ein Angebot an Kunstgewerbeartikeln hin. Alkoholische Getränke, leichte Biersorten ausgenommen, bekommt man nur in staatlichen Geschäften. Sie sind zudem sehr teuer. Supermärkte sind auch an den Wochenendnachmittagen geöffnet. Die Lebensmittelgeschäfte schließen erst spät am Abend, die den Tankstellen angegliederten Geschäfte ebenfalls. Man erkennt sie am Hinweis „näröppet".

Beschreibung von Gegenständen (Wortliste)

alt gammal gammal
angenehm
angenäm anjenähm,
trevlig trehwli
ausgezeichnet
utmärkt ütmärkt
beige beige behsch
billig billig billi
bitter bitter bittr
blau blå blo
braun
brun brün
bunt
färggrann färrjgrann
dreckig
smutsig smuttsi
dunkel
mörk mörk
einfarbig
enfärgad ehnfärjad
farbig
färgad färjad
gelb gul gül
gemustert
mönstrad mönnstrad
gestreift randig randi

grau grå gro
groß stor stuhr
grün grön grön
gut bra brah
hart hård hohrd
heiß
varm warm
hell ljus jus
hübsch
vacker wackr
interessant
intressant intressant
kalt kall kall
kariert
rutig rüti
klein liten liten
kurz kort kort
lang
lång long
langsam
långsam lonngsamm
leicht lätt lätt
neu ny ny
orange
orange uranngsch
rosa rosa rusa

rot röd röhd
sauber
ren rehn
sauer
sur sür
schlecht
dålig doli
schnell
snabb snabb
schön
vacker wackr,
trevlig trewli
schwach
svag swahg
schwarz
svart swart
schwer tung tung
stark stark stark
süß söt söht
teuer dyr dyr
unangenehm
otrevlig uhtrehwli
warm varm warm
weich
mjuk mjük
weiß vit wiht

Allgemeines

Können Sie mir/uns ein Geschäft für ... empfehlen?	Kan du rekommendera en affär för ...? kann dü rekommendehra enn affähr för ...?
Um wieviel Uhr schließen/öffnen die Geschäfte?	När öppnar/stänger affärerna? när öppnar/stänger affährerna?
Ich möchte mich einmal umsehen.	Jag vill bara titta lite. jah will bara titta lite.
Wieviel kostet das?	Hur mycket kostar det? hür mycke kosstar deh?
Wieviel kostet ein Kilo/Stück/Meter?	Hur mycket kostar ett kilo/stycke/en meter? hür mycke kosstar ett chilu/stycke/enn mehtr?
Geben Sie mir bitte ...	Var snäll och ge mig ... wahr snäll ock je mej ...
Das gefällt mir nicht.	Den/Det tycker jag inte om. denn/deh tyckr jah inte omm.
Ich nehme es nicht.	Den/Det tar jag inte. denn/deh tahr jah inte.
Können Sie mir bitte etwas Preisgünstigeres/anderes geben?	Finns det något billigare/annat? finns deh nohgot billigare/annat?
Das gefällt mir.	Den/det tycker jag om. denn/deh tyckr jah omm.
Ich nehme es.	Jag tar den/det. jah tahr denn/deh.
Ich muß es mir noch einmal überlegen.	Jag måste fundera på saken. jah mosste fundehra po sahken.
Ich möchte das umtauschen/zurückgeben.	Jag skulle vilja byta/lämna tillbaka den/det här. jah skulle willja byta/lämmna tillbahka denn/deh här.
Können Sie es mir als Geschenk einpacken?	Kan du slå in den/det som present? kann dü slo in denn/deh somm presennt?
Können Sie es an meine Adresse/... senden?	Kan du skicka den/det till min adress/...? kann dü schicka denn/deh till min adress/...?

Wortliste Allgemeines

Antiquitätengeschäft
antikvitetsaffär
antikwitehtsaffähr

Antiquariat
antikvariat antikwariaht

Apotheke
apotek aputehk

Bäckerei bageri bagerih

Blumengeschäft
blomsteraffär
blommstraffähr

Boutique
boutique butick

Buchhandlung
bokhandel bukhandel

Dose burk bürk

Drogerie
parfymeri parfymerih

einkaufen
handla handla

einpacken
packa in packa inn,
slå in slo inn

empfehlen
rekommendera
rekommendehra

Fischgeschäft
fiskaffär fisskaffähr

Flasche
flaska flasska

Flohmarkt
loppmarknad
loppmarknad

Fotogeschäft
fotoaffär fuhtuaffähr

Friseur
frisör frisöhr

gefallen
tycka om tycka omm

Gemüsehändler
grönsakshandlare
grönsahkshandlare
Geschäft affär affähr
Goldschmied
guldsmed gulldsmehd
Größe storlek stuhrlehk
handlen
handla handla
(feilschen) pruta prüta,
köpslå chöhpsloh
Juwelier
juvelerare juwelehrare
Kaufhaus
varuhus wahrühüs
Kilo kilo chilu
Konditorei
konditori konditurih
kosten kosta kossta
Kunsthändler
konsthandlare
konsthandlare
Lebensmittelgeschäft
livsmedelsaffär
lihwsmehdelsaffähr
Lederwarengeschäft
skinnaffär schinnaffähr
liefern
leverera lewerehra

Meter meter mehtr
Metzgerei
slakteri slackterih
Möbelgeschäft
möbelaffär
möhbelaffähr
Obsthändler
frukthandlare
fruckthandlare
Optiker
optiker opptikr
Packung
packning packning
Parfümerie
parfymeri parfymerih
Preis pris prihs
preiswert billig billi
Reinigung
kemtvätt chehmtwätt
Schneider
skräddare skräddare
Schreibwarengeschäft
pappershandel
pappeschhandel
Schuhgeschäft
skoaffär skuh-affähr
Schuhmacher
skomakare
skuhmahkare

Spielwarengeschäft
leksaksaffär
lehksahksaffähr
Sportgeschäft
sportaffär
sporrtaffähr
Stück
stycke stycke
Süßwarengeschäft
godsaksaffär
guhdsahksaffähr
Supermarkt
stormarknad
sturmarknad
Tabakladen
tobaksaffär
tuhbaksaffähr
teuer dyr dyr
Tüte påse pose
umsehen (sich)
se (sig) om
seh (sej) omm,
(hier:) titta titta
Weinhandlung
vinhandel wihnhandel
Zeitungshändler
tidningsaffär
tihdningsaffähr,
kiosk chiosk

Bezahlen

Kann ich mit ...-Scheck/Kredit-karte/DM/... bezahlen?

Kan jag betala med ...-check/kreditkort/ D-mark/...?
kann jah betahla meh ...-check/ kreditkurt/ deh-mark/...?

Sie haben mir/uns falsch heraus-gegeben.

Det kan inte stämma.
deh kann inte stämma.

Ich möchte mein Geld zurück.

Jag vill ha pengarna tillbaka.
jah will hah pengarna tillbahka.

Geben Sie mir/uns bitte eine Rech-nung/ Quittung.

Kan du ge mig/oss en räkning/ett kvitto?
kann dü jeh mej/oss enn räkning/ett kwittu?

Wortliste Bezahlen

Bargeld	**Kasse** kassa kassa	**preiswert** billig billi
kontanter kontanntr	**Kassenzettel**	**Quittung** kvitto kwittu
Barzahlung	(kassa)kvitto	**Rabatt** rabatt rabatt
kontant betalning	(kassa)kwittu	**Rechnung**
kontannt betahlning	**Kassierer/-in**	räkning räkning
bezahlen	kassör kassöhr,	**Scheck** check check
betala betahla	kassörska kassö´schka	**Sonderangebot**
billig billig billi	**kosten** kosta kossta	extrapris exxtraprihs
Ermäßigung	**Kreditkarte**	**teuer** dyr dyr
rabatt rabatt	kreditkort kreditkurt	**Vorauszahlung**
falsch oriktig uhrikti	**Mehrwertsteuer**	förskotts-betalning
Geld pengar pengar	moms momms	föschkotts-betahlning

Nahrungsmittel

Geben Sie mir bitte ein Kilo Äpfel/Liter Milch/...	Kan jag få ett kilo äpplen/en liter mjölk/...?
	kann jah fo ett chilu äpplen/enn lihtr mjölk/...?
Darf ich davon/... etwas probieren?	Får jag provsmaka lite?
	fohr jah pruhwsmahka lite?
Etwas weniger/mehr bitte.	Lite mindre/mer, tack.
	lihte minndre/mehr, tack.

Wortliste Nahrungsmittel

Apfel	**Birne**	**Erdbeeren**
äpple äpple	päron pähron	jordgubbar
Apfelsafel	**Bohne**	juhrdgubbar
äppeljuice äppeljuhs	böna böna	**Essig** ättika ättika
Apfelsine	**Brot** bröd bröhd	**Feige**
apelsin ahpelsihn	**Brötchen**	fikon fihkon
Aprikose	kuvertbröd	**Fisch** fisk fissk
aprikos aprikohs	kuwährbröhd	**Fleisch** kött chött
Artischocken	**Butter**	**frisch** frisk frissk
kronärtskockor	smör smör	**Gebäck**
kruhnärtschkockur	**Datteln**	småkakor smohkahkur
Aubergine	dadlar dadlar	**Gemüse**
äggplanta äggplannta	**Eier** ägg ägg	grönsaker gröhnsahkr
Banane	**Eis** is ihs	**Gurke** gurka gurka
banan banahn	**Erbsen**	**Hackfleisch**
Bier öl öl	ärtor ärtur	köttfärs chöttfäsch

Hähnchen
kyckling chyckling
Haselnüsse
hasselnötter hasselnöttr
Honig honung hohnung
Honigmelone
honungsmelon
hohnungsmeluhn
Johannisbeere (rot)
röda vinbär
röda wihnbär
Johannisbeere (schwarz)
svarta vinbär
swarta wihnbär
Kaffee kaffe kaffe
Kakao
choklad schuklahd
Kalbfleisch
kalvkött kallwchött
Kastanien
kastanjer kastannjr
Käse ost usst
Kartoffeln
potatis putahtis
Kekse kex käx
Kirschen
körsbär chöschbähr
Knoblauch
vitlök wihtlök
Kohl kål kohl
Konserven
konserver konserwr
Kotelett kotlett kotlétt
Kuchen kaka kahka
Kürbis
pumpa pumpa
Lammfleisch
lammkött lammchött
Lauch purjolök purrjulöhk
Linsen linser linnsr
Mais majs majs
Mandarine
mandarin mandarihn
Mandeln mandlar mandlar

Margarine
margarin margarihn
Marmelade
marmelad marmelahd
Meerrettich
pepparrot pepparruht
Mehl mjöl mjöhl
Melone melon meluhn
Milch mjölk mjöllk
Mineralwasser
mineralvatten
minerahlwatten
Möhren
morötter muhröttr
Nudeln pasta pasta
Obst frukt fruckt
Obstsaft
fruktjuice frucktjuhs
Öl olja ollja
Oliven oliver ulihwr
Olivenöl
olivolja ulihwollja
Orange apelsin apelsihn
Orangensaft
apelsinjuice apelsihnjuhs
Paprika
paprika pahprika
Peperoni
peperoni peperuni
Petersilie
persilja peschillja
Pfeffer
peppar peppar
Pfirsich
persika päschika
Pflaume
plommon plummon
Pfifferling
kantarell kantarell
Pilze svamp swammp
probieren
provsmaka pruhwsmahka
Reis ris rihs
Rettich rättika rättika

Rindfleisch
nötkött nöhtchött
Rosenkohl
brysselkål brysselkohl
Rosinen russin rússin
Rotkohl
rödkål röhdkohl
Sahne grädde grädde
Salami
salami salahmi
Salat sallad sallad
Salz salt sallt
Schafskäse
fårost fohrusst
Schokolade
choklad schoklahd
Schweinefleisch
fläsk flässk
Senf senap sehnap
Senfgurke
smörgåsgurka
smöhrgohsgurka
Spinat spenat spenaht
Suppe soppa soppa
Süßstoff
sötningsmedel
söhtningsmehdel
Spargel sparris sparris
Tee te teh
Toast
rostat bröd rostat bröhd
Tomate tomat tumaht
Wassermelone
vattenmelon wattenmeluhn
Weintrauben
vindruvor wihndrühwur
Weißkohl vitkål wihtkohl
Wurst korv korw
Würstchen
varm korv warm korw
Zitrone citron sitruhn
Zucchini zucchini sukkihni
Zucker socker sockr
Zwiebel lök löhk

Haushaltsartikel

Haben Sie Abfallbeutel/Batterien/...? Har du soppåsar/batterier/...?
hahr dü suhpposar/batterier/...?

Ich möchte ein Spültuch/... Jag skulle vilja ha en disktrasa/...
jah skulle willja hah enn dissktrahsa/...

Wo finde ich Spülmittel/...? Var hittar jag diskmedel/...?
wahr hittar jah diskmedel/...?

Wortliste Haushaltsartikel

Abfallbeutel
soppåsar *suhppohsar*
Alufolie
aluminiumfolie
alumihniumfohlie
Batterie
batteri *batterih*
Becher
bägare *bähgare,*
mugg *mugg*
Besen kvast *kwasst*
Bindfaden
snör *snöre*
Brennspiritus
rödsprit *röhdspriht*
Bügeleisen
strykjärn *strykjärn*
Dosenöffner
konservöppnare
konserrwöppnare
Eimer hink *hink*
Feuerzeug
tändare *tändare*
Flaschenöffner
flasköppnare
flassköppnare
Gabel gaffel *gaffel*
Glas
glas *glahs*
Glühbirne
glödlampa *glöhdlampa*
Grill grill *grill*

Grillanzünder
grilltändare *grilltänndare*
Grillkohle
grillkol *grillkohl*
Handfeger
sopborste *suhpboschte*
Insektenspray
insektsspray *insecktsprej*
Kerzen
(stearin)ljus *(stearihn)jühs*
Korkenzieher
korkskruv *korkskrühw*
Küchenpapier
hushållspapper
hühshollspappr
Kühltasche
kylväska *chylwäska*
Löffel sked *schehd*
Messer kniv *knihw*
Nähgarn
sytråd *sütrohd*
Nähnadel
synål *syhnohl*
Pfanne panna *panna*
Plastikbeutel
plastpåse *plasstpose*
Regenschirm
paraply *paraplyh*
Schere sax *sax*
Schrubber
skurborste
skürboschte

Schüssel
skål *skol*
Schwamm
svamp *swammp*
Serviette
servett *serwett*
Spülbürste
diskborste *disskboschte*
Spülmittel
diskmedel *disskmehdel*
Spültuch
disktrasa *dissktrahsa*
Streichhölzer
tändstickor *tänndstickur*
Taschenlampe
ficklampa *ficklampa*
Tasse kopp *kopp*
Teller tallrik *tallrihk*
Thermoskanne
termoskanna *termuskanna*
Topf gryta *gryta*
Tüte påse *pose*
Verlängerungsschnur
skarvsladd *skarwsladd*
Wäscheklammern
klädnypa *klädnypa*
Wäscheleine
klädstreck *klähdstreck*
Waschmittel
tvättmedel *twättmedel*
Wischlappen
dammtrasa *dammtrahsa*

Drogerieartikel

Ich möchte eine Zahnbürste/... Jag skulle vilja köpa en tandborste/...
kaufen. jah skulle willja chöpa enn tandboschte/...
Haben Sie eine Nagelschere/...? Har du en nagelsax/...?
hahr dü enn nahgelsax/...?

Wortliste Drogerieartikel

Bürste
borste
boschte

Creme
kräm
kräm

Damenbinde
dambinda
dahmbinda

Deodorant
deodorant
deodorannt

Duschgel
duschkräm
duschkräm

Haarspray
hårspray
hohrsprej

Handtuch
handduk
handdük

Hautcreme
hudkräm
hüdkräm

Kamm
kam kamm

Lippenstift
läppstift
läppstift

Nagelfeile
nagelfil
nahgelfihl

Nagellack
nagellack
nahgellack

Nagellackentferner
nagellackborttagningsmedel
nahgellackborrttahgnings-
medel,
remover remuhwr

Nagelschere
nagelsax
nahgelsax

Papiertaschentuch
pappernäsduk
papprnäsdük

Parfüm
parfym
parfyhm

Pflaster
plåster
plosstr

Pinzette
pincett
pinsett

Präservativ
kondom
kondohm

Puder
püder
püdr

Rasiercreme
rakkräm
rahkkräm

Rasierklinge
rakblad
rahkblahd

Rasierpinsel
rakborste
rahkboschte

Rasierseife
raktvål
rahktwohl

Rasierwasser
rakvatten
rahkwatten

Schere sax sax

Schwamm
svamp swammp

Seife
tvål twohl

Shampoo
shampoo schampu

Sonnenöl
sololja
suhlollja

Spiegel
spegel spegel

Tampons
tamponger
tamponngr

Toilettenpapier
toalettpapper
toalettpappr

Waschlappen
tvättlapp
twättlapp

Watte
vadd wadd

Zahnbürste
tandborste
tandboschte

Zahnpasta
tandkräm
tandkräm

Kleidung

i Die vielen Seen laden zum Schwimmen ein. Neben den Bade-
sachen sollte man aber auch warme Pullover für kühle Abende
mitnehmen.

Ich habe Konfektionsgröße 40/...	Jag har storlek fyrtio/...
	jah hahr stuhrlehk förrti/...
Ich suche etwas Passendes hierzu.	Jag letar efter något passande till det här.
	jah lehtar äftr nohgot passande till deh här.
Kann ich es anprobieren?	Kan jag prova den/det här?
	kann jah pruwa denn/deh här?
Das ist mir zu groß/klein/...	Den/Det är för stor/stort/liten/litet/... för mig.
	denn/deh eh för stuhr/stuhrt/liten/litet/... för mej.
Haben Sie das noch in einer anderen Farbe/...?	Finns den/det i någon annan färg/...?
	finns denn/deh i nohgon annan färj/...?
Das gefällt mir.	Den/det tycker jag om.
	denn/deh tyckr jah omm.
Ich kaufe es.	Den/Det tar jag.
	denn/deh tahr jah.
Können Sie mir das ändern?	Kan du ändra den/det här åt mig?
	kann dü ändra denn/deh här oht mej?

Reinigung

Ich möchte die Hose/... reinigen/ bügeln lassen.	Jag skulle vilja få byxorna/... kemtvättade/strukna.
	jah skulle willja fo büxurna/... chehmtwättade/ strükna.
Können Sie diesen Fleck entfernen?	Kan du ta bort den här fläcken?
	kann dü tah burt denn här fläcken?
Wann kann ich die Kleider abholen?	När kan jag avhämta sakerna?
	när kann jah ahwhämmta sahkerna?

Wortliste Kleidung/Reinigung

Abendkleid
aftonklänning
afftonklänning

Anorak
anorak anorak

anprobieren
prova pruwa

Anzug
kostym kostyhm

Badeanzug
baddräkt
bahddräkt

Badehose
badbyxor
bahdbyxur

Bademantel
badrock
bahdrock

Bademütze
badmössa
bahdmössa

Bikini
bikini bikihni

Blazer
blazer bläsr

Bluse
blus blüs

bügeln
stryka stryka

Büstenhalter
behå behoh

Farbe
färg färj

Futter
foder fuhdr

Größe
storlek
stuhrlehk

Gürtel
bälte bällte,
skärp schärp

Halstuch
halsduk
halsdük

Handschuhe
handskar
hanskar

Hemd
skjorta schurta

Hose
buxor büxur

Hut hatt hatt

Jacke
jacka jacka

Jeans
jeans jihns

Jogginganzug
jogging overall
jogging owerohl

Kapuze
kapuschong
kapuschong

Kleid
klänning klänning

Knopf
knapp knapp

Kostüm
dräkt dräkt

Kragen
krage krahge

Krawatte
slips slips

Lederjacke
läderjacka
lähdrjacka

Ledermantel
läderkappa/-rock
lähdrkappa/-rock

Mantel
(Damen-) kappa kappa,
(Herren-) rock rock

Mütze mössa mössa

Nachthemd
nattlinne nattlinne

Pelzjacke
pälsjacka pällsjacka

Pelzmantel
päls(-kappa)
pälls(-kappa)

Pullover
pullover pullohwr,
tröja tröija

Pyjama
pyjamas pyjahmas

Reißverschluß
blixtlås blixtlos

Rock
kjol kjul

Schal sjal schahl

Schlafanzug
pyjamas pyjahmas

Socken
sockor sockur

Sommerkleid
sommarklänning
sommarklänning

Strickjacke kofta koffta

Strümpfe
strumpor strumpur

Tuch
duk dük, sjal schahl

Unterhemd
undertröja unndrtröja

Unterhose
(Damen-)
underbyxor unndrbyxur,

(Herren-)
kalsonger kallsonngr

Unterwäsche
underkläder unndrklädr

Weste väst wässt

Wildlederjacke
mockajacka mockajacka

Schuhe

Ich möchte ein Paar Schuhe/...	Jag skulle vilja ha ett par skor/...
	jah skulle willja hah ett pahr skuhr/...
Ich habe Schuhgröße 38/...	Jag har skonummer trettioåtta/...
	jah hahr skunummr trettiotta/...
Sie sind zu groß/klein.	De är för stora/små.
	domm eh för stuhra/smo.
Der Absatz ist mir zu hoch/niedrig.	Klacken är för hög/låg.
	klacken eh för höhg/lohg.
Sie drücken hier.	De klämmer här.
	domm klämmr här.
Geben Sie mir bitte eine passende Schuhcreme/...	Var snäll och ge mig passande skokräm/...
	wahr snäll ock jeh mej passande skuhkrähm/...

Schuhmacher

Ich möchte diese Schuhe neu besohlen lassen.	Kan du sula om de här skorna?
	kann dü süla omm domm här skuhrna?
Bitte erneuern Sie die Absätze.	Var snäll och sätt på nya klackar.
	wahr snäll ock sätt po nya klackar.

Wortliste Schuhe/Schuhmacher

Absatz
klack klack

Badeschuhe
badskor
bahdskuhr

Einlegesohle
inläggssula
innläggssüla

eng
trång trong

Größe
strorlek
stuhrlehk

Gummisohle
gummisula
gummisüla

Gummistiefel
gummistövlar
gummistöwlar

Halbschuhe
lågskor
lohgskuhr

Hausschuhe
tofflor
tofflur

Ledersohle
lädersula
lähdrsüla

Paar par pahr

Sandalen
sandaler
sandahlr

Schuhcreme
skokräm
skuhkräm

Schnürsenkel
skosnöre
skuhsnöre

Sohle
sula
süla

Stiefel
stövlar
stöwlar

Turnschuhe
gymnastikskor
jymnastihkskuhr

Fotogeschäft

Würden Sie ein Bild von uns/mir machen?	Skulle du kunna ta ett foto av oss/mig?
	skulle dü kunna tah ett futu ahw oss/mej?
Ich möchte einen Schwarzweißfilm/ Farbfilm/Diafilm für diesen Fotoapparat/...	Jag skulle vilja ha en svartvit film/färgfilm/ diafilm till den här kameran/...
	jah skulle willja hah enn swartwiht film/ färjfilm/diafilm till denn här kahmeran/...
Einen Film mit 36/... Aufnahmen bitte.	En film med trettiosex/... bilder, tack.
	enn film meh trettisex/... billdr, tack.
Würden Sie mir bitte den Film einlegen?	Skulle du kunna sätta i filmen åt mig?
	skulle dü kunna sätta ih filmen oht mej?
Entwickeln Sie bitte diesen Film.	Var snäll och framkalla den här filmen.
	wahr snäll ock framkalla denn här filmen.
Ich möchte die Bilder in dem Format 10x15/...	Jag skulle vilja ha bilderna i formaten tio gånger femton/... jah skulle willja hah billderna i formahten tije gongr femmton/...
Ich möchte gern 6/... Paßbilder.	Jag skulle vilja ha sex/... passfoton.
	jah skulle willja hah sex/... passfutun.
Wann kann ich die fertigen Bilder bekommen?	När kan jag få de färdiga fotografierna?
	när kann jah fo domm färdiga futugrafierna?
Können Sie diesen Fotoapparat reparieren?	Kan du laga den här kameran?
	kann dü lahga denn här kahmeran?
Der Auslöser/... funktioniert nicht.	Utlösaren/... fungerar inte.
	ütlösaren/... fungehrar inte.

Wortliste Fotogeschäft

Abzug	**Farbfilm**	**Negativfilm**
avtryck ahwtryck	färgfilm färjfilm	negativfilm
Aufnahme	**Film** film film	negatihwfilm
foto(grafi)	**Filmkamera**	**Paßbild**
futu(grafih)	filmkamera fillmkahmera	passfoto
Auslöser	**Format**	passfutu
avtryckare ahwtryckare	format formaht	**Schwarzweißfilm**
Bild bild bildd,	**Fotoapparat**	svartvit film
foto(grafi) futu(grafih)	kamera kahmera	swartwiht film
Blitzgerät blixt blixt	**fotografieren**	**vergrößern**
Diafilm	fotografera	förstora
diafilm diafilm	futugrafehra	föschtuhra
entwickeln	**Kamera** kamera kahmera	**Videokamera**
framkalla	**Negativ**	videokamera
frammkalla	negativ negatihw	wihdeokahmera

Juwelier/Uhrmacher

Ich möchte ein/-e/-en Armband/
Kette/Ring/...

Jag skulle vilja ha ett armband/halsband/en ring/...
jah skulle willja hah ett armband/halsband/enn
ring/...

Was kostet der Ring/...?
Vad kostar ringen/...? wah kosstar ringen/...?

Wie hoch ist der Goldanteil?
Hur hög är guldhalten? hür högh eh guldhalten?

Wie hoch ist der Silbergehalt?
Hur hög är silverhalten? hür högh eh sillwrhalten?

Ich möchte etwas Preiswerteres/
Teureres kaufen.
Jag skulle vilja ha något billigare/dyrare.
jah skulle willja hah nohgot billigare/dyrare.

Meine Uhr geht vor/nach.
Min klocka går före/efter. min klocka gohr före/äftr.

Bitte sehen Sie mal nach.
Var snäll och se efter. wahr snäll ock seh äftr.

Wechseln Sie bitte die Batterie.
Var snäll och växla batteriet.
wahr snäll ock wäxla battterih-et.

Wortliste Juwelier/Uhrmacher

ändern ändra ändra	**Halskette**	**Reparatur**
Armband	halsband halsband	reparation reparaschuhn
armband armband	**Karat** karat karaht	**Ring** ring ring
Batterie batteri batterih	**Kollier** collier kolljeh,	**Silber** silver sillwr
Brilliant briljant briljannt	halssmycke halssmycke	**Silberanteil**
Brosche brosch brosch	**Ohrring**	silverhalten sillwrhalten
Diamant	örhänge örhänge	**teuer** dyr dyr
diamant diamannt	**Perle** pärla pärla	**Uhr** klocka klocka
Einzelstück	**Platin**	**vergoldet** förgyllt förjyllt
unikat unikaht	platina plahtina	**versilbert**
Gold guld guld	**preiswert** billig billi	försilvrat föschillwrat

Schreibwarengeschäft/Buchhandlung/Kiosk

i Ausländische Zeitungen und gängige Zeitschriften sind in gro-
ßen Städten am Tag der Herausgabe oder einen Tag später er-
hältlich.

Ich möchte eine deutsche Zeitung/
Zeitschrift/...

Jag skulle vilja ha en tysk tidning/tidskrift/...
jah skulle willja hah enn tysk tihdning/tihdskrift/...

Ich möchte einen Stadtplan von
Stockholm/Reiseführer/...

Jag skulle vilja ha en karta över Stockholm/rese-
guide/... jah skulle willja hah enn karta öwr
Stockholm/resegaid/...

Haben Sie deutsche/... Bücher?
Har ni tyska/... böcker? hahr ni tysska/... böckr?

Ich hätte gerne eine Ansichtskarte/
Briefmarke/...

Jag skulle vilja ha ett vykort/frimärke/...
jah skulle willja hah ett wyhkurt/frihmärke/...

Wortliste Schreibwaren/Buchhandlung/Kiosk

Ansichtskarte
vykort wyhkurt
Briefpapier
brevpapper brehwpappr
Briefmarke
frimärke frihmärke
Briefumschlag
kuvert kuwähr
Buch bok buk
Buchhandlung
bokhandel bukhandel

Kiosk
kiosk chiosk
Kugelschreiber
kulspetspenna
kühlspettspenna
Notizblock
anteckningsblock
anntteckningsblock
Schreibwarengeschäft
pappershandel
pappeschhandel

Sprachführer
parlör parlöhr
Straßenkarte
vägkarta w
ägkarta
Wörterbuch
ordbok uhdbuk
Zeitschrift
tidskrift tihdskrift
Zeitung
tidning tihdning

Souvenirs/Antiquitäten

Haben Sie Souvenirs von diesem Museum/Schloß/...?
Har ni suvenirer av det här museet/slottet/...?
hahr ni suwenihrer ahw deh här musehet/slottet/...?
Haben Sie etwas Typisches von dieser Gegend/...?
Har ni något typiskt från den här trakten/...?
hahr ni nohgot tyhpiskt fron denn här trakten/...?
Ist das Handarbeit?
Är det handgjort? eh deh handjuhrt?
Muß man dafür Zoll bezahlen?
Måste man betala tull för detta?
mosste mann betahla tull för detta?

Geben Sie mir/uns bitte ein/-e Echtheitszertifikat/Rechnung.
Var snäll och ge mig ett äkthetsintyg/en räkning.
wahr snall ock jeh mej ett äckthehtsinntyg/enn räkning.

Wortliste Souvenirs/Antiquitäten

Antiquität
antikvitet antikwiteht
Antiquitätengeschäft
antikvitetsaffär
antikwitehtsaffähr
Antiquariat
antikvariat antikwariaht
Bernstein
bärnsten bärrnstehn
echt äkta äkta
Farbe färg färj
Geschenkartikel
presentartikel
presenntartikel

Glas glas glahs
Handarbeit
hanndarbete handarbete
heimatliches
Kunstgewerbe
hemslöjd hemmslöjd
Keramik
keramik cheramihk
Kupfer
koppar koppar
liefern
leverera lewerehra
Museum
museum muséum

Rechnung
räkning räkning
Reiseandenken
souvenir suweniir
Seide
silke silke
Souvenir
suvenir suwenihr
Stadt stad stahd
typisch
typisk typisk
Vase vas wahs
Zertifikat
certifikat sertifikaht

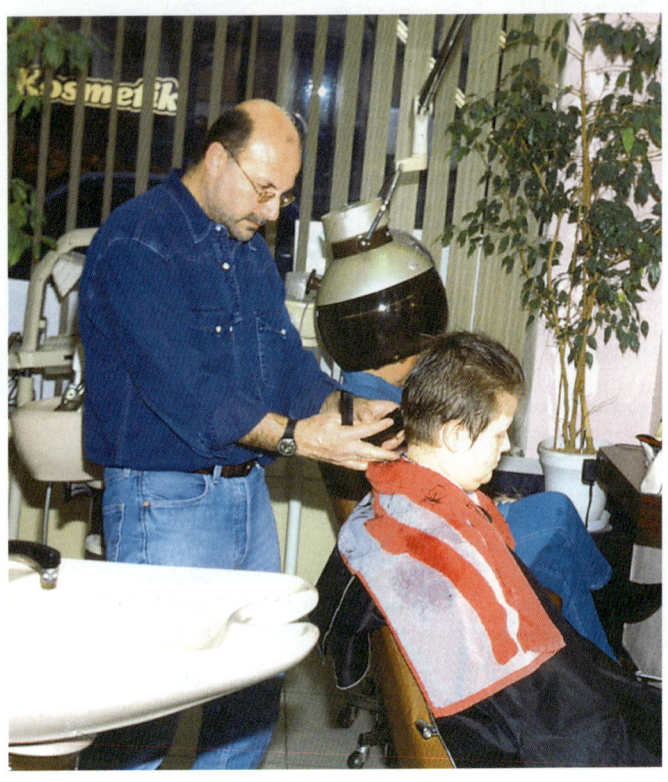

Damenfriseur

Können Sie mir einen guten Friseur empfehlen?	Kan du rekommendera en bra frisör?
	kann dü rekommendehra en brah frisör?
Kann ich mich für Freitag/... anmelden?	Kan jag få en tid på fredag/...?
	kann jah fo enn tihd po freda/...?
Ich möchte die Haare schneiden/ färben/tönen lassen.	Jag skulle vilja låta klippa/färga/tona håret.
	jah skulle willja lota klippa/färja/tuna hohret.
Waschen Sie bitte meine Haare.	Var snäll och tvätta mitt hår.
	wahr snäll ock twätta mitt hohr.
Ich möchte eine Dauerwelle/ Strähnchen/...	Jag skulle vilja ha en permanent/slingor/...
	jah skulle willja hah enn permanennt/slingur/...
Schneiden Sie bitte die Haare kurz/etwas kürzer.	Var snäll och klipp håret kort/något kortare.
	wahr snäll ock klipp hohret kort/nohgot kortare.
Färben Sie mir bitte die Haare blond/...	Var snäll och färga håret blont/...
	wahr snäll ock färja hohret blonnt/...
Bitte fönen Sie die Haare nach innen/außen.	Var snäll och föna håret inåt/utåt.
	wahr snäll ock föna hohret innoht/ütoht.
Ich möchte den Scheitel in der Mitte/an der Seite.	Jag vill ha benan i mitten/på sidan.
	jah will hah behnan i mitten/po sidan.

Herrenfriseur

Schneiden Sie mir bitte die Haare.	Var snäll och klipp mitt hår.
	wahr snäll ock klipp mitt hohr.
Die Ohren sollen frei sein.	Öronen ska vara fria.
	öhronen skah wahra fria.
Nehmen Sie hinten/vorne/oben/an den Seiten noch etwas weg.	Klipp lite mer bak/fram/uppe/på sidorna.
	klipp lite mehr bahk/framm/uppe/posihdurna.
Rasieren bitte.	Rakning, tack.
	rahkning, tack.
Den Bart/Schnurrbart bitte etwas stutzen.	Skägget/Mustaschen ska bara ansas lite.
	schägget/mustáschen skah bahra annsas lite.

Maniküre/Pediküre

Ich möchte maniküt werden.	Jag skulle vilja ha manikyr. jah skulle willja hah manikyhr.
Ich möchte die Nägel kurz/lang/ spitz/rund.	Jag skulle vilja ha korta/långa/spetsiga/runda naglar. jah skulle willja hah korta/longa/ spetsiga/runda nahglar.
Bitte tragen Sie farblosen/roten/... Lack auf.	Var snäll och måla naglarna med färglöst/rött/... nagellack. wahr snäll ock mola nahglarna meh färjlöst/ rött/... nahgellack
Bitte nur polieren.	Bara toppning, tack. bahra toppning, tack.
Pediküre bitte.	Pedikyr, tack. pedikyhr, tack.
Können Sie mir die Beine/Achseln enthaaren.	Kan du ta bort håret på benen/axlarna. kann dü tah bort hohret po behnen/axlarna.

Wortliste Körperpflege

anmelden	**Fingernagel**	**Haarschnitt**
få en tid	fingernagel	klippning
fo enn tihd	finngernahgel	klippning,
Bart	**fönen**	frisyr frisyhr
skägg	föna	**Haarspray**
schägg	föna	hårspray
Damenfriseur	**frisieren**	hohrsprej
(dam)frisör	frisera	**Herrenfriseur**
(dahm)frisör	frisehra	herrfrisör
Dauerwelle	**Frisur**	herrfrisör
permanent permanennt	frisyr	**Kinnbart**
entfärben	frisyhr	hakskägg
bleka	**Haar**	hahkschägg
bleka	hår hohr	**kurz**
färben	**Haare kämmen**	kort kort
färga	kamma håret	**lang**
färja	kamma hohret	lång long
Farbe	**Haare schneiden**	**legen**
färg	klippa håret	lägga lägga
färj	klippa hohret	**leicht**
farblos	**Haare waschen**	lätt lätt
färglös	tvätta håret	**Locke**
färjlös	twätta hohret	lock lock

Lockenwickler	**Perücke**	**spitz**
papiljott papiljott	peruk	spetsig
Maniküre	perühk	spettsi
manikyr	**rasieren**	**stark**
manikyhr	raka	stark
Mitte	rahka	stark
mitt mitt	**rund** rund rund	**tönen**
Nacken	**Scheitel**	tona tuna
nacke	bena bena	**toupieren**
nacke	**schneiden**	tupera
Nagellack	klippa klippa	tupehra
nagellack	**Schnurrbart**	**Vollbart**
nahgellack	mustasch	helskägg
Pediküre	mustásch	hehlskägg
pedikyr	**Seite**	**waschen**
pedikyhr	sida sida	tvätta twätta

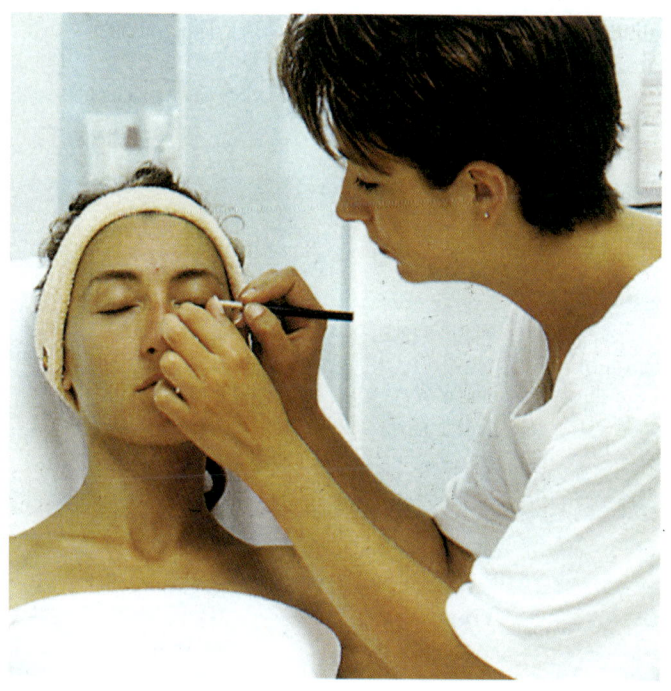

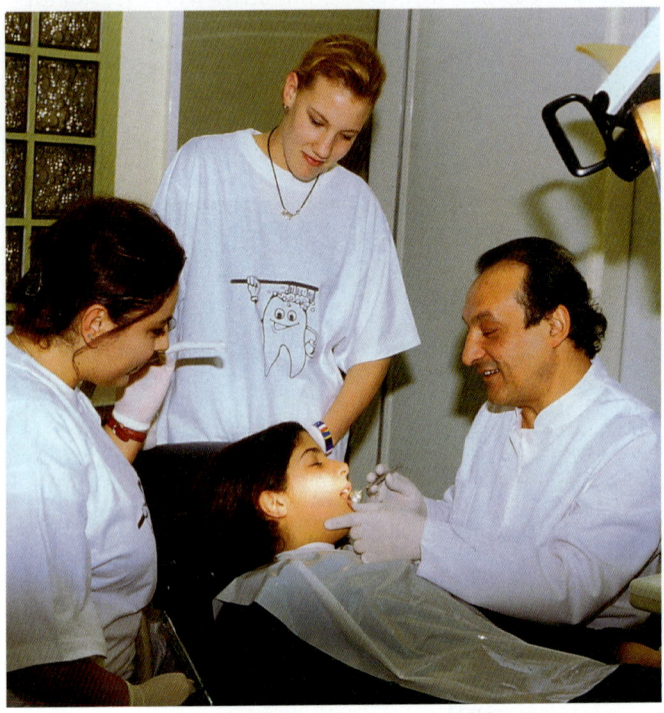

Gesundheit

Information

Können Sie mir einen guten Arzt/ Kinderarzt/... empfehlen?	Kan du rekommendera en bra läkare/barnläkare/... åt mig? *kann dü rekommendehra enn brah läkare/ bahrnläkare/... oht mej?*
Bitte geben Sie mir die Adresse von einem Kinderarzt/...	Var snäll och ge mig adressen till en barnläkare/... *wahr snäll ock jeh mej adressen till enn bahrn- lähkare/...*
Wann hat der Arzt Sprechstunde?	När har läkaren mottagningstid? *när hahr läkaren muhttahgningstihd?*
Mein/-e Mann/Kind/Frau ist krank.	Min make/mitt barn/min hustru är sjuk. *min mahke/mitt bahrn/min hüstrü eh schük.*
Können Sie bitte herkommen?	Kan du komma hit? *kann dü komma hiht?*
Rufen Sie bitte einen Krankenwagen/ Notarzt.	Var snäll och ring efter en ambulans/(jour)läkare. *wahr snäll ock ring äftr enn ambulanns/(schuhr) läkare.*
Ich bin bei der... Krankenkasse/ Versicherung krankenversichert.	Jag är försäkrad hos ...-sjukkassan/försäkringen. *jah eh föschähkrad huss ...-schükkassan/ föschähkringen.*
Hier sind meine Krankenkassen-/ Versicherungsunterlagen.	Här är mina handlingar från sjukförsäkringen. *här eh mina handlingar fron schükföschähkringen.*
Geben Sie mir bitte ein/-e ärztliches Attest/Arbeitsunfähigkeitsbeschei- nigung.	Var snäll och ge mig ett läkarintyg/ett intyg om arbetsoförmåga. *wahr snäll ock jeh mej ett. lähkarinntyg/ett inntyg omm arbehtsuhförmohga.*

Beim Arzt

Ich bin stark erkältet.	Jag är väldigt förkyld. *jah eh wälldit förchühld.*
Ich habe mich verletzt.	Jag har skadat mig. *jah hahr skahdat mej.*
Ich bin von einem Insekt/... gestochen/gebissen worden.	Jag har blivit stungen/biten av en insekt/... *jah hahr bliwit stungen/bihten ahw enn inseckt/...*
Ich bin gestürzt.	Jag har ramlat. *jah hahr rammlat.*
Ich habe mir den Arm/das Bein verstaucht/gebrochen.	Jag har stukat/brutit min arm/mitt ben. *jah hahr stükat/brütit min arm/mitt behn.*
Ich habe mir den Fuß/... verrenkt.	Min fot/... är vriden ur led. *min fuht/... eh wrihden ür lehd.*

Hier schmerzt es.	Det gör ont här.
	deh jöhr unnt här.
Ich habe Durchfall/Husten/...	Jag har diarré/hosta/...
	jah hahr diarreh/hussta/...
Ich habe mir den Magen verdorben.	Jag har magbesvär.
	jah hahr mahgbeswähr.
Ich habe Kopfschmerzen/Ohren-schmerzen/...	Jag har ont i huvudet/öronen/...
	jah hahr unnt i hüwüdet/öhronen/...
Mir wird oft übel/schwindelig.	Jag känner mig ofta illamående/yr.
	jah chännr mej offta illamoende/yr.
Ich kann die Hitze/Luft nicht vertragen.	Jag klarar inte av värmen/luften.
	jah klahrar inte ahw wärmen/luften.
Ich bin allergisch gegen Penizillin.	Jag är allergisk mot penicillin.
	jah eh allergisk muht penisilihn.
Ich bin Diabetiker.	Jag är diabetiker.
	jah eh diabehtikr.

Beim Zahnarzt

Können Sie mir einen guten Zahn-arzt empfehlen?	Kan du rekommendera en bra tandläkare åt mig? kann dü rekommendehra enn brah tandläkare oht mej?
Ich habe Zahnschmerzen.	Jag har tandvärk.
	jah hahr tandwärk.
Wenn ich etwas Kaltes/Warmes esse/trinke, tut mir dieser Zahn weh.	När jag äter/dricker något kallt/varmt, värker den här tanden. när jah ähtr/drickr nohgot kallt/warmt, wärkr denn här tanden.
Dieser Zahn oben/unten/vorne/hinten tut mir weh.	Tanden här uppe/nere/framme/baktill gör ont. tanden här uppe/nehre/framme/bahktill jöhr unnt.
Dieser Zahn hat ein Loch.	Den här tanden har ett hål.
	denn här tanden hahr ett hohl.
Die Füllung ist herausgefallen.	Jag har förlorat en fyllning.
	jah hahr förluhrat enn fyllning.
Mir ist ein/-e Zahn/Krone abge-brochen.	En tand/krona har gått av. enn tand/kruna hahr gott ahw.
Bitte geben Sie mir eine/keine Betäubungsspritze.	Kan jag få bedövning/Jag vill inte ha bedövning. kann jah fo bedöhwning/jah will inte hah bedöhwning.
Reparieren Sie bitte die Prothese.	Var snäll och reparera protesen. wahr snäll ock reparehra prutehsen.
Können Sie meinen Zahn provi-sorisch behandeln?	Kan du göra en provisorisk lagning? kann dü jöhra enn pruwisuhrisk lahgning?

Im Krankenhaus

Sie müssen im Krankenhaus weiter-behandelt werden.	Du måste behandlas vidare på sjukhus.
	dü mosste behanndlas wihdare po schükhüs.
Verständigen Sie bitte meine Familie/das deutsche/... Konsulat.	Var snäll och meddela min familj/det tyska/... konsulatet. wahr snäll ock mehddehla min familj/deh tysska/... konsulahtet.
Hier sind der Name und die Adresse.	Här är namn och adress.
	här eh nammn ock adress.
Geben Sie mir bitte eine Schmerz-tablette/Schlaftablette/...	Var snäll och ge mig en värktablett/ett sömnmedel/... wahr snäll ock jeh mej enn wärktablett/ett sömmnmedel/...
Schwester, bitte helfen Sie mir.	Syster, var snäll och hjälp mig.
	systr, wahr snäll ock jälp mej.
Wann kommt der Arzt zur Visite?	När kommer läkaren på rond?
	när kommr läkaren po rond?
Wann darf ich wieder essen/trinken/aufstehen/ausgehen?	När får jag äta/dricka/stiga upp/gå ut igen? när fohr jah äta/dricka/stiga upp/go üt ijenn?
Wann werde ich operiert?	När kommer jag att opereras?
	när kommr jah att uperehras?
Ich fühle mich schlecht.	Jag känner mig illamående/dålig.
	jah chännr mej illamoende/doli.
Verständigen Sie bitte einen Arzt.	Var snäll och ge besked till en läkare.
	wahr snäll ock jeh beschehd till enn läkare.
Wie lange muß ich hier bleiben?	Hur länge måste jåg stanna här?
	hür länge mosste jah stanna här?
Wie lautet die Diagnose?	Hur ser diagnosen ut? hür sehr diagnuhsen üt?
Wann werde ich entlassen?	När blir jag utskriven?
	när blir jah ütskriwen?
Geben Sie mir bitte eine Bescheinigung über die Dauer des Krankenhausaufenthaltes mit Diagnose.	Var snäll och ge mig ett intyg över sjukhusvistelsetiden samt diagnosen. wahr snäll ock jeh mej ett inntyg öwr schükhüs-wisstelsetihden sammt diagnuhsen.

Wortliste Arzt/Zahnarzt/Krankenhaus

Allergie	**Attest** intyg inntyg	**Blinddarmentzündung**
allergi allergih	**Augenarzt**	blindtarmsinflammation
ansteckend	ögonläkare ögonläkare	blindtarmsinflammaschuhn
smittsam smittsamm	**Bandscheibenschaden**	**Blutdruck**
Arzt läkare läkare	diskbrock disskbrock	blodtryck bluhdtryck
Atemnot	**beißen** bita bita	**bluten**
andtäppa anndtäppa	**Biene** bi bi	blöda blöda

Blutgruppe
blodgrupp bluhdgrupp
Blutvergiftung
blodförgiftning
bluhdförjiftning
Brandwunde
brännsår brännsohr
Brechreiz
kväljningar kwällningar
Bruch brott brott,
fraktur fraktühr
Diabetes diabetes diabehtes
Diagnose
diagnos diagnuhs
Durchfall diarré diarreh
entlassen
skriva ut skriwa üt
Entzündung
inflammation
inflammaschuhn
Erkältung
förkylning förchyhlning
Fieber feber fehbr
Frauenarzt
kvinnoläkare
kwinnuläkare
Gehirnerschütterung
hjärnskakning
järnskahkning
Gelbsucht gulsot gülsut
Geschlechtskrankheit
könssjukdom
chöhnsschükdum
Gesundheit
hälsa hällsa
Grippe
influensa influennsa
Hals-Nasen-Ohrenarzt
hals-näsa-öronspecialist
hals-näsa-öronspesialisst
Halsschmerzen
ont i halsen unnt i halsen
Hautabschürfung
skavsår skahwsohr

Hautarzt
hudläkare hüdläkare
Hautkrankheit
hudsjukdom
hüdschükdum
Herzanfall
hjärtattack järrtattack
Herzinfarkt
hjärtinfarkt järtinfarkt
Heuschnupfen
hösnuva hösnüwa
Hexenschuß
ryggskott ryggskott
Hühnerauge
liktorn lihktuhrn
Husten hosta hussta
Impfung
vaccinering waksinehring
Infektion
infektion infeckschuhn
Insekt insekt inseckt
Internist
invärtesläkare
innwärtesläkare
Ischias ischias ischias
Keuchhusten
kikhosta chihkhussta
Kinderarzt
barnläkare bahrnlähkare
Kollaps kollaps kollaps
Kopfschmerzen
huvudvärk hüwüdwärk
Krampf kramp kramp
Krankenhaus
sjukhus schükhüs
Krankenschwester
sjuksköterska
schükschöteschka
Krankheit
sjukdom schükdum
Krebs cancer kannsr
Kreislaufstörung
cirkulationsrubbning
sirkulaschuhnsrubbning

Kreuzotter
huggorm huggorm
Krone krona kruna
Lebensmittelvergiftung
matförgiftning
mahtförjifftning
Loch hål hohl
Lungenentzündung
lunginflammation
lunnginflammaschuhn
Magenschmerzen
ont i magen unnt i mahgen
Mandelentzündung
halsfluss hallsfluss
Masern mässling mässling
Migräne migrän migrähn
Mittelohrentzündung
(mellan)öroninflammation
(mellan)öroninflam-
maschuhn
Mücke mygg mygg
nervös nervös nerwöhs
Neurologe
neurolog newruluhg
Nierenentzündung
njurinflammation
njürinflammaschuhn
Ohnmacht
svimning swimmning
operieren
operera uperehra
Orthopäde
ortoped ortopehd
Plombe plomb plomb
Prellung
kontusion kontuschuhn,
blåmärke blohmärke
Prothese protes prutehs
Quetschung
kontusion kontuschuhn
Rheuma
reumatism re-umatissm
Röteln
röda hund röda hund

Scharlach
scharlakansfeber
scharlahkansfehbr
Schlaflosigkeit
sömnlöshet sömmnlöshet
Schlaganfall
slaganfall slahaganfall
Schlange orm urm
Schmerzen
smärtor smärtur
Schnittwunde
skärsår schährsohr
Schnupfen snuva snüwa
Schwangerschaft
graviditet grawiditeht
Schwellung
svullnad swullnad
Schwindel svindel swindel
Seekrankheit
sjösjuka schöschüka
Sonnenbrand
solbränna suhlbränna

sonnengebräunt
solbrynt suhlbrynt
Sonnenstich
solsting suhlsting
Sprechstunde
mottagningstid
muhttahgningstihd
Spritze spruta sprüta
Starrkrampf
stelkramp stehlkramp
stechen sticka sticka
stürzen
störta störta, falla falla
Tetanus
stelkramp stehlkramp
Tuberkulose
tuberkulos tuberkulohs
Übelkeit
illamående illamoende
Unfall olycka uhlycka
Verbrennung
brännskada brännskahda

vereitert varat vahrat
Vergiftung
förgiftning förjifftning
Verletzung skada skahda
Verrenkung
vrickning wrickning
Verstauchung
vrickning wrickning
Visite besök besöhk
Wartezimmer
väntrum wänntrumm
Wespe geting gehting
Windpocken
vattenkoppor wattenkoppur
Wunde sår sohr
Zahnarzt
tandläkare tandläkare
Zahnschmerzen
tandpvärk tandwärk
Zuckerkrankheit
sockersjuka sockrschüka

Wortliste Körperteile

Arm arm arm
Auge ögon ögon
Bandscheibe disk dissk
Bauch mage mahge
Bein ben behn
Blase blåsa blosa
Blinddarm
blindtarm blindtarm
Brust bröst brösst
Darm tarm tarm
Daumen tumme tumme
Ellbogen
armbåge armboge
Finger finger fingr
Fuß fot fuht
Galle galla galla
Gelenk led lehd
Gesicht ansikte ansikte

Hals hals hals
Hand hand hand
Handgelenk
handled hanndlehd
Haut hud hüd
Herz hjärta järta
Hüfte höft höfft
Kiefer käke chäke
Kinn haka hahka
Knie knä knä
Knochen ben behn
Kopf huvud hüwüd
Leber lever lehwr
Lippe läpp läpp
Lunge lung lung
Magen mage mahge
Mund mun munn
Muskel muskel muskel

Nase näsa näsa
Niere njure njüre
Oberschenkel
lår lohr
Ohr öra öra
Rippe revben rehwbehn
Rücken rygg rygg
Schienbein
skenben schehnbehn
Schlüsselbein
nyckelben
nyckelbehn
Schulter skuldra skulldra
Trommelfell
trumhinna trummhinna
Zahn tand tand
Zehe tå to
Zunge tunga tunga

Apotheke

i In fast jedem Ort gibt es Apotheken. Ihre Öffnungszeiten entsprechen denen der Geschäfte. Außerhalb der Öffnungszeiten wird angegeben, welche Apotheke Bereitschaft hat. Das Angebot umfaßt Medikamente und Drogerieartikel.

Wo ist die nächste Apotheke?	Var ligger närmaste apotek? wahr liggr närmaste aputehk?
Welche Apotheke hat Nachtdienst?	Vilket apotek har nattöppet? wilket aputehk hahr nartöppet?
Können Sie mir diese Medizin geben?	Kan du ge mig den här medicinen? kann dü jeh mej denn här medisihnen?
Können Sie mir etwas gegen Kopfschmerzen/Sonnenbrand/... geben?	Kan du ge mig något mot huvudvärk/solbränna/...? kann dü jeh mej nohgot muht hüwüdwärk/ suhlbränna/...?
Ich möchte ein/-en Fiebermittel/ Hustensaft/...	Jag skulle vilja ha ett febernedsättande medel/hostmedicin/... jah skulle willja hah ett fehbrnedsättande medel/husstmedisihn/...
Kann man es bedenkenlos Kindern geben?	Kan man ge det till barn utan problem? kann mann jeh deh till bahrn ütan prublehm?

PÅ FASTANDE MAGE po fastande mahge Auf nüchternen Magen	**3 GANGER DAGLIGEN** tre gongr dahgligen 3 x täglich
LÅT SMÄLTA I MUNNEN loht smälta i munnen Im Munde zergehen lassen	**ATT INTAGAS** att inntahgas Zum Einnehmen

ENLIGT LÄKARENS ANVISNINGAR
ehnlitt läkarens anwihsningar
Nach ärztlicher Vorschrift

FÖR UTVÄRTES BRUK för ütwärtes brük Zur äußeren Anwendung	**FÖRE MATEN** före mahten Vor dem Essen	**EFTER MATEN** äftr mahten Nach dem Essen

Wortliste Apotheke

Abführmittel
laxermedel
laxehrmedel

Alkohol
alkohol allkohol

Antibabypille
p-piller pe-pillr

Antibiotikum
antibiotikum antibiohtikum

Apotheke
apotek aputehk

Brandsalbe
brännsalva
brännsallwa

Damenbinde
dambinda dahmbinda

Desinfektionsmittel
desinfektionsmedel
desinfekschuhnsmedel

einnehmen
ta tah

Elastikbinde
elastisk binda
elasttisk binda

Fiebermittel
febernedsättande medel
fehbrnehdsättande medel

Fieberthermometer
febertermometer
fehbrtermumehtr

Heftpflaster
häftplåster
häftplosstr

Hustensaft
hostmedicin
hustmedisihn

Insektenmittel
insektsmedel
insektsmedel

Jod jod jodd

Kamillentee
kamomillte kamumillteh

Kopfschmerzen
huvudvärk
hüwüdwärk

Medikament
medikament medikamennt

Medizin
medicin
medisihn

Nachtdienst
nattjänstgöring
nattchänstjöring,
nattjour nattschuhr

Nebenwirkung
biverkning
bihwerkning

Präservativ
kondom
kondohm

Rezept
recept reseppt

Salbe gegen ...
salva mot ...
salwa muht ...

Schlaftablette
sömntablett
sömmntablett

Schmerzmittel
värktablett wärktablett

Schnellverband
„första hjälpen"
„föschta jälpen",
första hjälpsförband
föschta jälpsförbannd

Tablette tablett tablett

Tropfen
droppar
droppar

Umschlag
omslag
ommslahg

Verband
förband förbannd

Verbandszeug
förbandsartiklar
förbanndsarticklar

Watte
vadd wadd,
bomull bumull

 Die örtlichen Fremdenverkehrsvereine, die Hotelrezeptionen und Informationsstände der Wandererheime und der anderen Beherbergungsbetriebe halten Broschüren mit Angeboten zur Freizeitgestaltung bereit, die sich auf die nähere Umgebung beziehen.

Ausflug/Besichtigung

Welche Sehenswürdigkeiten gibt es hier?
Vilka sevärdheter finns det här?
willka sehwärdhetr finns deh här?

Wann ist der Ausflug nach Vadstena/...?
När är utflykten till Vadstena/...?
när eh ütflykten till Wahdstena/...?

Wann ist die Stadtrundfahrt/ Schiffsrundfahrt/...?
När är stadsrundturen/båtrundturen/...?
när eh stahdsrundtüren/bohtrundtüren/...?

Wie lange dauert der Ausflug/ die Stadtrundfahrt/...?
Hur lång tid tar utflykten/(stads)rundturen/...?
hür long tihd tahr ütflykten/(stahds)rundtüren/...?

Was kostet die Rundfahrt/...?
Vad kostar rundturen/...?
wah kosstar rundtüren/...?

Gibt es eine Ermäßigung für Kinder/Studenten/...?
Finns det barn-/student-/...-rabatt?
finns deh bahrn-/stüdent-/...-rabatt?

Ich möchte das ... Schloß/die ... Kirche/das ... Museum/... besichtigen.
Jag skulle vilja besöka ... Slottet/,,, Kyrkan/.. Museet/...
jah skulle willja besöhka ... slottet/... chyrkan/... musehet/...

Wann ist Kalmar Slott/... geöffnet?
När är Kalmar Slott/... öppet?
när eh kallmar slott/... öppet?

Gibt es hier eine Führung auf deutsch/englisch/...?
Har ni någon tyska/engelska/... talande guide?
hahr ni nohgon tysska/engelska/... tahlande gaid?

Wann beginnt die Führung?
När börjar visningen?
när börrjar wihsningen?

Haben Sie einen Katalog/Führer über...?
Har ni en katalog/vägvisare över ...?
har ni enn katalohg/wähgwihsare öwr ...?

Darf man hier fotografieren?
Får man fotografera här?
fohr mann futugrafehra här?

Wann fahren wir zurück?
När åker vi tillbaka?
när okar wi tillbahka?

Unterhaltung

Was kann man hier abends unternehmen?	Vad kan man hitta på här på kvällarna?
	wah kann mann hitta po här po kwällarna?
Gibt es hier ein/-en Kino/Nachtclub/...?	Finns det en bio/nattklubb/... här?
	finns deh enn biu/nattklubb/... här?
Haben Sie ein/-e Kasino/Diskothek hier?	Finns det ett kasino/diskotek/... här?
	finns deh ett kasihnu/diskutehk/... här?
Wo kann man Jazz hören?	Finns det någon jazzclub här?
	finns deh nohgon dschähsklubb här?
Wo können wir hier tanzen gehen?	Var kan vi gå ut och dansa här?
	wahr kann wi go üt ock dannsa här?
Wieviel kostet der Eintritt?	Hur mycket kostar inträdet?
	hür mycke kosstar inntirädet?
Geben Sie mir/uns bitte ein Programm.	Var snäll och ge mig/oss ett program.
	wahr snäll ock jeh mej/oss ett prugramm.
Wie lange dauert der Film/die Aufführung/das Konzert/...?	Hur länge varar filmen/framträdandet/konserten/...? *hür länge wahrar filmen/frammträhdandet/ konnsähren/...?*

Wortliste Ausflug/Besichtigungen/Unterhaltung

Altstadt	**Denkmal**	**Fremdenführer**
gammal stadskärna	minnesmärke	guide *gaid*
gammal stahds-chärna,	*minnesmärke,*	**Friedhof**
(in Stockholm:)	monument *monümennt*	kyrkogård
gamla stan	**Diskothek**	*chyrkogohrd*
gammla stahn	diskotek *diskutehk*	**Führung**
Ausflug	**Dom**	visning
utflykt *ütflykt*	domkyrka *dohmchyrka*	*wihsning*
Ausgrabung	**Eintritt**	**Galerie**
utgrävning	inträde *inntiräde*	galleri *gallerih*
ütgräwning	**Ermäßigung**	**Gemälde**
Ausstellung	rabatt *rabatt*	målning *molning*
utställning *ühtställning*	**Festung**	**Gewölbe**
besichtigen	fästning *fästning*	valv *walw*
besöka *besöhka*	**Film** film *film*	**Grab**
Besichtigung	**Fluß** älv *ällw*	grav *grahw*
besiktning *besicktning*	**Flüßchen**	**Grünanlage**
Brücke bro *bru*	å *o*	plantering
Brunnen	**fotografieren**	*plantehring*
brunn *brunn*	fotografera	**Hafen**
Burg borg *borrj*	*futugrafehra*	hamn *hammn*

104

Halbinsel
halvö
hallw-ö

Hünengrab
forngrav
furngrahw

Innenstadt
centrum
senntrüm

Insel ö ö

Kapelle
kapell
kapell

Kathedrale
katedral
katedrahl

Kino
bio biu

Kirche
kyrka
chyrka

Kloster
kloster
klosster

Konzert
konsert
konnsähr

Kreidefelsen
kritklippa
krihtklippa

Krypta
krypta
krypta

Küste
kust kusst

Kuppel
kupol
küpohl

Markt
marknad
marknad,
(salu)torg
(sahlü)torrj

Mühle
kvarn kwarn

„Maibaum"
midsommarstång
middsommaschtong

Museum
museum muséum

Nachtclub
nattklubb
nattklubb

Oper
opera uhpera

Park park park

Platz
torg torrj,
plats plats

Programm
program
prugramm

Rathaus
rådhus rohdhüs

reservieren lassen
reservera
reserwehra

Ruine
ruin rüihn

Rundfahrt
rundtur rundtür

Säule
pelare pehlare

Schaufenster
skyltfönster
schylltfönnstr

Schiffsrundfahrt
båtrundtur
bohtrundtür

Schloß
slott slott

Sehenswürdigkeit
sevärdhet
sehwärdheht

Stadt
stad stahd

Stadtrundfahrt
(stads)rundtur
(stahds)rundtür

Stadtteil
stadsdel
stahdsdehl

Stadtzentrum
centrum senntrüm

Statue staty statyh

Sternwarte
observatorium
obserwatuhriüm

tanzen
dansa dannsa

Theater
teater teahtr

Tor port purt

Turm torn tuhrn

Universität
universitet
uniweschiteht

Vergnügen
nöje nöije

Vorort
förort föhrurt

Zeitvertreib
tidsfördriv
tihdsfördrihw

Sport

Gibt es hier Sportveranstaltungen/ interessante Wanderwege/...?	Finns det några idrottsevenemang/interessanta vandringsleder/...? finns deh nohgra ihdrottsewenemanng/interesannta wanndringslehdr/...?
Gibt es hier einen Tennisplatz/ Golfplatz/...?	Finns det en tennisplats/golfbana/... här? finns deh enn tennisplats/gollfbahna/... här?
Wo gibt es Reitunterricht?	När kan man få ridundervisning? när kann mann fo rihdundrwihsning?
Ich möchte angeln/... gehen.	Jag vill gå ut och angla/... jah will go üt ock angla/...
Ich möchte eine Fahrradtour/ Wanderung/... machen.	Jag skulle vilja göra en cykeltur/vandring/... jah skulle willja jöhra enn syckeltür/wandring/...
Wir möchten 1/...Stunde/-n Tennis/ ... spielen.	Jag skulle vilja spela tennis/... på en/...timme/ timmar. jah skulle willja spela tennis/... po enn/... timme/timmar.
Ich möchte einen Surf/Golf/... -Kurs machen.	Jag skulle vilja gå på en vindsurfings/ golf/...-kurs. jah skulle willja go po enn windsörfings/golf/...-kusch.
Wieviel kostet die Stunde/der Kurs?	Hur mycket kostar timmen/kursen? hür mycke kosstar timmen/kuschen?
Kann ich mitspielen?	Kan jag vara med och spela? kann jah wahra meh ock spela?
Wann/Wo findet das Fußballspiel/ ... statt?	När/Var äger fotbollsmatchen/...rum? när/wahr ähgr fuhtbollsmatschen/... rumm?
Wo ist der Sportsplatz/die Sporthalle/...?	Var ligger idrottsplatsen/-hallen/...? wahr liggr ihdrottsplatsen/-hallen/...?
Was kostet die Karte/der Eintritt/...?	Vad kostar biljetten/inträdet/...? wah kosstar biljetten/innträdet/...?

Wassersport

i Die unzähligen Seen laden zum Baden ein, Flüsse und Kanäle zum Kanufahren, die großen Seen und Küstengewässer zum Segeln. Schweden bietet Liegeplätze in etwa 500 Gästehäfen. Boote kann man z.B. in den Schären, an den Küsten, am Vänersee und am Dalslandkanal mieten.

Gibt es hier einen Badestrand/...?
Finns det en badstrand/... här?
finns deh enn bahdstrand/... här?

Ist dies ein Privatstrand?
Är det här en privatstrand?
eh deh här enn priwahtstrand?

Darf man hier baden?
Får man bada här?
fohr mann bahda här?

Wie tief/warm/... ist das Wasser?
Hur djupt/varmt/... är vattnet?
hür jühpt/warmt/... eh wattnet?

Gibt es hier Strömungen/Quallen/...?
Är det strömt här?/Finns det maneter/... här?
eh deh strömmt här?/finns deh manehtr/... här?

Ich möchte ein Boot/Surfbrett/... leihen/mieten.
Jag skulle vilja hyra en båt/surfingbräda/...
jah skulle willja hyra enn boht/sörfingbräda/...

Ich möchte eine Bootsfahrt/... machen.
Jag skulle vilja göra en båttur/...
jah skulle willja jöhra enn bohttür/...

Was kostet es pro Stunde/Tag/...?
Vad kostar det per timme/dag/...?
wah kosstar deh per timme/dahg/...?

Angel	**Hallenbad**	**Reiten**
metspö	simhall simmhall	ridning
mehtspöh	**Handball**	rihdning
Angelhaken	handboll	**reiten**
metkrok	hanndboll	rida rida
mehtkruhk	**Hügel**	**Reitweg**
angeln	backe backe,	ridväg
meta meta	kulle kulle	rihdwäg
Angelschein	**Jagd** jakt jakt	**Rennpferd**
fiskekort	**joggen**	kapplöpningshäst
fiskekurt	jogga jogga	kapplöhpningshässt
Angelschnur	**Karte**	**Rettungsweste**
metrev	kort kurt	flytväst
mehtrehw	**Lauf**	flyhtwässt
Badeort	lopp lopp	**Sand**
badort	**Mannschaft**	sand
bahdurt	besättning	sand
Badetuch	besättning;	**Sauna**
badlakan	**(Spiel:)** lag lahg	bastu
bahdlahkan	**Meisterschaft**	basstü
Ball	mästerskap	**Schläger**
boll	mässtrskahp	klubba klubba,
boll	**Motorboot**	**(Tennis:)**
Boot	motorbåt	racket racket
båt	muturboht	**Schlauchboot**
boht	**Netz**	gummibåt
Bowling	nät nät	gummiboht
bouing	**Niederlage**	**schwimmen**
bowwling	nederlag	simma
Fahrrad	nehdrlahg	simma
cykel	**Pferd**	**Schwimmflügel**
syckel	häst	simdynor
fischen fiska fisska	hässt	simmdynur
Freibad	**Privatstrand**	**segeln**
friluftsbad	privatstrand	segla
frihluftsbahd	priwahtstrand	sehgla
Golfplatz	**Programm**	**Sieg**
golfbana	program	seger
gollfbahna	prugramm	sehgr
Gymnastik	**radfahren**	**Ski**
gymnastik	cykla	skidor
jymnastihk	syckla	schihdur

Sonnenschirm	**Strömung**	**trainieren**
parasoll	strömdrag	träna träna
parasoll	strömmdrahg	**turnen**
Spiel	**Surfbrett**	gymnastisera
spel spehl	surfingbräda	jymnastisehra
Sporthalle	sörfingbräda	**unentschieden**
idrottshal	**surfen**	oavgjort
ihdrottshall	surfa	uh-ahwjurt
Sportler/-in	sörfa	**Unterrricht**
idrottsman	**tauchen**	undervisning
ihdrottsmann,	dyka	undrwihsning
idrottsflicka	dyka	**Volleyball**
ihdrottsflicka	**Tauchgerät**	volleyboll
Sportplatz	dykarutrustning	wolliboll
idrottsplats	dykarütrustning	**Wasserski**
ihdrottsplats	**Tennis**	vattenskidor
springen	tennis tennis	wattenschihdur
springa springa	**Tennisplatz**	**Wettkampf**
Sprungbrett	tennisplats	tävling
trampolin	tennisplats	täwling
trampolihn	**Tischtennis**	**Wintersport**
Strand	bordtennis	vintersport
strand strand	buhrdtennis	wintrsport

BARA FÖR SIMKUNNIGA
bahra för simmkunniga
Nur für Schwimmer

FÖRBJUDET ATT BADA
förbjühdet att bahda
Baden verboten

Behörden und Bank

Einreise

i Für den Urlaubsaufenthalt benötigt man lediglich Reisepaß oder Personalausweis. Kinder unter 16 Jahren müssen im Paß der Eltern eingetragen sein. Zur Einreise mit dem Kraftfahrzeug genügen Führerschein und Fahrzeugschein. Die Mitnahme der grünen Versicherungskarte ist nicht erforderlich, aber zu empfehlen. Bei der Fährüberfahrt darf man aus Sicherheitsgründen keinen Reservekanister mit Benzin mit sich führen. Hund und Katze können mitgenommen werden, wenn die sehr strengen Gesundheitsvorschriften und Impfungen eingehalten worden sind.

Ihre/-n Autopapiere/Paß/... bitte.	Handlingar på bilen/Passet/..., tack.
	handlingar po bilen/passet/..., tack.
Haben Sie ein Visum/...?	Kan jag få se ert visum/...?
	kann jah fo seh ehrt wihsum/...?
Haben Sie ein Gesundheitszeugnis	Har ni ett friskintyg till er katt/hund/...?
für Ihre/-n Katze/Hund/...?	hahr ni ett frisskintyg till ehr katt/hund/...?
Ihr Paß/Visum ist abgelaufen.	Ert pass/visum har gått ut.
	ehrt pass/wihsum hahr gott üt.
Was ist der Zweck Ihrer Reise nach	Vad är ändamålet av er resa till Sverige/...?
Schweden/...?	wah eh ändamohlet ahw ehr resa till swerrje/...?
Ich bin Tourist/Student/...	Jag är turist/studerande/...
	jah eh türisst/stüdehrande/...
Ich gehöre zu der Reisegruppe ...	Jag tillhör resegruppen ...
	jah tillhöhr resegruppen ...

GRÄNS gränns Grenze	**TULL** tull Zoll
PASSKONTROLL passkontroll Paßkontrolle	**TULLKONTROLL** tollkontroll Zollkontrolle
TULLPLIKTIGA VAROR tullplicktiga wahrur Zollpflichtige Waren	**TULLFRIA VAROR** tullfria wahrur Zollfreie Waren

i Persönliche Gebrauchsartikel dürfen vom Reisenden zollfrei eingeführt werden. Eine mengenmäßige Einfuhrbeschränkung gibt es für alkoholische Getränke, Tabakwaren, Fleischprodukte und einige andere Artikel.

Haben Sie etwas zu verzollen?	Har ni något att deklarera? hahr ni nohgot att deklarehra?
Nein, ich habe nichts zu verzollen.	Nej, jag har inget att deklarera. nej, jah hahr inget att deklarehra.
Ja, ich habe etwas zu verzollen.	Ja, jag har något att deklarera. jah, jah hahr nohgot att deklarehra.
Öffnen Sie bitte den Kofferraum/ Koffer/...	Var snäll och öppna bagageluckan/ resväskan/... wahr snäll ock öppna bagahschluckan/ rehswäskan/...
Dafür müssen Sie Zoll zahlen.	Det måste ni betala tull i. deh mosste ni betahla tull i.
Das sind Reiseandenken.	Det är suvenirer. deh eh suwenihrer.
Wieviel muß ich dafür zahlen?	Hur mycket måste jag betala för det? hür mycke mosste jah betahla för deh?

Wortliste Einreise/Zoll

Ausfuhrzoll	**Impfpaß**	**Versicherungskarte**
exporttull exporttull	vaccinationspass	försäkringskort
Einfuhrzoll	waksinaschuhnspass	föschähkringskurt
importtull	**Konsulat**	**verzollen**
importtull	konsulat konsulaht	deklarera deklarehra,
Führerschein	**Paß** pass pass	förtulla förtulla
körkort chörkurt	**Paßkontrolle**	**Visum** visum wihsum
Geschenk	passkontroll passkontroll	**zahlen**
present presennt	**Personalausweis**	betala betahla
Gesundheitszeugnis	legitimation(skort)	**Zoll** tull tull
friskintyg	legitimaschuhn(skurt)	**Zollabfertigung**
frisskinntyg	**Reiseandenken**	tullbehandling
Grenzübergang	suvenir suwenihr	tullbehandling
gränsövergång	**Staatsangehörigkeit**	**zollfrei**
grännsöwrgong	nationalitet naschunalitet,	tullfri tullfri
Gültigkeit	medborgarskap	**zollpflichtig**
giltighet jilltiheht	mehdborjarskahp	tullpliktig tullplikti

Post

i Für Auslandspost sollte zusätzlich zur Briefmarke die Marke „A prioritaire/1:a klassbrev", die eine schnelle Beförderung garantiert, verwendet werden. In schwedischen Postämtern kann man nicht telefonieren!

Wo ist das/der nächste Postamt/ Briefkasten?
Var ligger närmaste postkontor/brevlåda?
wahr liggr närmaste posstkontuhr/brehwloda?

Ist für mich (postlagernd) Post da?
Har jag fått någon post („poste restante")?
hahr jah fott nohgon post („post restont")?

Was kostet ein/-e Brief/Postkarte/... nach Deutschland/...?
Vad kostar ett brev/vykort/... till Tyskland/...?
wah kosstar ett brehw/wykurt/... till tysskland/...?

Geben Sie mir bitte 1/... Briefmarke/-n zu 3.75/... Kronen.
Var snäll och ge mig ett/... frimärke/frimärken för tre och sjuttiofem/...
wahr snäll ock jeh mej ett/... frihmärke/ frihmärken för tre ock schuttifemm/...

Ich möchte dieses Paket nach Deutschland/... schicken.
Jag skulle vilja skicka det här paketet till Tyskland/... *jah skulle willja schicka deh här pakehtet till tysskland/...*

Wie lange geht ein Brief/Paket/... nach Deutschland/...?
Hur lång tid tar det för ett brev/paket/... till Tyskland/...? *hür long tihd tahr deh för ett brehw/pakeht/... till tysskland/...?*

Telefon

i In speziellen Telefonbüros und in Telefonzellen lassen sich Auslandsgespräche führen. Münzfernsprecher sind eher die Ausnahme. Es empfiehlt sich der Kauf einer Telefonkarte, die man in den Telefonbüros (kurz: „tele"), im Postamt und in Tabak- und Zeitungsläden erhält.

Die Vorwahlnummer für

Schweden:	0046
Deutschland:	0049
Österreich:	0043
die Schweiz:	0041

Geben Sie mir bitte eine/... Telefonkarte/-n.
Var snäll och ge mig ett/... telefonkort.
wahr snäll ock jeh mej ett/... telefohnkurt.

Wo ist die nächste Telefonzelle?
Var ligger närmaste telefonhytt?
wahr liggr närmaste telefohnhytt?

Ich möchte nach Deutschland/... telefonieren.	Jag skulle vilja ringa till Tyskland/... *jah skulle willja ringa till tysskland/...*
Darf ich Ihr Telefon benutzen?	Kan jag få använda din telefon? *kann jah fo annwända din telefohn?*
Bitte verbinden Sie mich mit Herrn/ Frau Andersson/...	Var snäll och förbind mig till herr/fru Andersson/... *wahr snäll ock förbinnd mej till herr/frü andeschonn/...*
Die Telefonnummer ist: ...	Telefonnumret är: ... *telefohnnummret eh: ...*
Ich möchte ein R-Gespräch/Fern-gespräch anmelden.	Jag skulle vilja beställa samtal där mottagaren betalar/samtal till utlandet. *jah skulle willja beställa sammtahl där muttagaren betahlar/sammtahl till ütlandet.*
Ich möchte die Telefonnummer von Herrn/Frau ...	Jag skulle vilja ha herr/fru ... s telefonnummer. *jah skulle willja hah herr/frü ... s telefohnnummr.*
Die Leitung ist besetzt.	Ledningen är upptagen. *lehdningen eh upptahgen.*
Es meldet sich niemand.	Jag får inget svar. *jah fohr inget swahr.*
Welche Nummer hat die nationale/ internationale Auskunft?	Vilket nummer har den nationella/internationella nummerupplysningen? *willket nummr hahr denn naschunella/intrnaschunella nummrupplysningen?*
Ich möchte das Telefonbuch/die Vorwahlnummer von Köln.	Jag skulle vilja ha telefonkatalogen/riktnumret från Köln. *jah skulle willja hah telefohnkatalohgen/ricktnummret fron köln.*

Telegramm/Telefax

Wo ist der Schalter für Telegramme/Telefaxe/...?	Var finns luckan för telegram/(tele)fax/...? *wahr finns luckan för telegramm/(tele)fax/...?*
Ich möchte ein Telefax nach Deutschland/... senden.	Jag skulle vilja skicka ett fax till Tyskland/... *jah skulle willja schicka ett fax till tysskland/...*
Ich möchte ein Telegramm aufgeben.	Jag skulle vilja skicka ett telegram. *jah skulle willja schicka ett telegramm.*

Wortliste Post/Telefon/Telegramm/Telefax

absenden	**Auslandsgespräch**	**Briefkasten**
skicka *schicka,*	utlandssamtal	brevlåda *brehwloda*
avsända *ahwsända*	*ühtlandssammtahl*	**Briefmarke**
anrufen ringa *ringa*	**auszahlen**	frimärke *frihmärke*
aufgeben	betala ut *betahla üt*	**Durchwahl**
posta *possta,*	**besetzt**	direktnummer
skicka *schicka*	upptaget *upptahget*	*direcktnummr*
ausfüllen	**Brief**	**Eilbrief**
fylla i *fylla i*	brev *brehw*	expressbrev *expressbrehw*

Einschreiben	**Päckchen**	**Übergewicht**
rekommenderat brev	småpaket smohpakeht	overvikt
rekommendehrat brehw	**Paket** paket pakeht	öhwrwickt
Empfänger	**Porto** porto portu	**verbinden**
mottagare muhttahgare	**Post (-amt)**	förbinda förbinnda,
faxen faxa faxa	postkontor	anknyta annknyta
Formular blankett blankett	posstkontuhr	**Verbindung**
frankieren	**Postkarte**	förbindelse
frankera frankehra	postkort postkurt	förbinndelse,
Gebühr avgift ahwjift	**postlagernd**	anknytning
Geldüberweisung	poste restante post restont	annknytning
penninganvisning	**Schalter**	**Vermittlung**
penninganwihsning	lucka lucka	(telefon)växel
Gewicht vikt wickt	**schicken**	(telefohn)wäxel
Kartenfernsprecher	skicka schicka,	**Vorwahl**
korttelefon kurttelefohn	sända sända	riktnummer
Leitung ledning lehdning	**Telefax** telefax telefax	ricktnummr
Luftpost	**Telefonbuch**	**Wertangabe**
flygpost flygpost,	telefonkatalog	värdeuppgift
luftpost luftpost;	telefohnkatalohg	wärrdeuppjift
prioritaire prioritähr,	**Telefonkarte**	**Zahlkarte**
första klass föschta klass	telefonkort telefohnkurt	inbetalningskort
Münze mynt mynnt	**Telefonnummer**	innbetahlningskurt
Münzfernsprecher	telefonnummer	**Zollabfertigung**
mynttelefon mynnttelefohn	telefohnnummr	tullbehandling
Nachnahme	**Telefonzelle**	tullbehanndling
postförskott postföschkott	telefonhytt telefonhytt	**Zustellung**
Ortsgespräch	**Telegramm**	utdelning
lokalsamtal lokahlsammtahl	telegram telegramm	ütdehlning

Bei der Polizei

Wo ist die nächste Polizeiwache/...?
Var ligger närmaste polisstation/...?
wahr liggr närmaste pulihsstaschuhn/...?

Mein Kind ist verschwunden.
Mitt barn är försvunnen.
mitt bahrn eh föschwunnen.

Können Sie mir/uns bitte helfen?
Förlåt, kan du hjälpa mig/oss?
förloht, kann dü jälpa mej/oss?

Ich möchte einen Diebstahl/Unfall/ ... anzeigen.
Jag skulle vilja anmäla en stöld/olycka/...
jah skulle willja anmäla enn stölld/uhlycka/...

Mir ist die Handtasche/... gestohlen worden.
Min handväska/... har blivit stulen.
min handwäska/... hahr blihwit stülen.

Mein Auto/... ist aufgebrochen worden.
Det har varit inbrott i min bil/...
deh hahr wahrit innbrott i min bil/...

Ich bin betrogen/... worden.	Man har lurat/... mig. mann hahr lürat/... mej.
Wo/Wann ist das passiert?	Var/När har det hänt? vahr/när hahr deh hännt?
Wir werden der Sache nachgehen.	Vi vill undersöka saken. wi will undeschöka sahken.
Wenden Sie sich bitte an das deutsche Konsulat/...	Var snäll och vänd dig till det tyska konsulatet/... wahr snäll ock wänd dej till deh tyska konsulahtet/...
Ich möchte mit einem Anwalt/ meinem Konsulat/... sprechen.	Jag skulle vilja tala med min advokat/mitt konsulat/... jah skulle willja tahla meh min adwukaht/mitt kosulaht/...
Ich brauche eine Bescheinigung für meine Versicherung.	Jag behöver ett intyg för min försäkring. jah behöhwr ett inntyg för min föschähkring.

Wortliste Polizei

anzeigen	**Gefängnis**	**Schuld** skuld skulld
anmäla anmäla	fängelse fängelse	**Taschendieb**
aufbrechen	**Polizei**	ficktjuv fickchüw
bryta upp bryta upp	polis pulihs	**Überfall** överfall öhwrfall
Auto bil bil	**Polizeibeamter**	**Unfall** olycka uhlycka
belästigen	polis pulihs	**Verbrechen**
ofreda uhfreda	**Polizeiwagen**	brott brott
beschlagnahmen	polisbil pulihsbil	**Vergewaltigung**
beslagta beslahgtah	**Raub** rån rohn	våldtäckt wolldtäckt
Diebstahl stöld stölld	**Rauschgift** droger drohgr	**verhaften**
Erpressung	**Rechtsanwalt**	arrestera arrestehra,
utpressninng ühtpressning	advokat adwukaht	häkta häkta
Falschgeld	**Schmuggel**	**verlieren**
falska pengar	smuggling smuggling,	förlora förluhra
fallska pengar	smuggel smuggel	**Zeuge** vittne wittne

Fundbüro

Wo ist das Fundbüro?	Var ligger hittegodsavdelningen? wahr liggr hitteguhdsahwdehlningen?
Ich habe meinen Reisepaß/... verloren.	Jag har förlorat mitt pass/... jah hahr förluhrat mitt pass/...
Ich habe ... am Bahnhof/... liegen-lassen	Jag har glömt ... på järnvägsstationen/... jah hahr glömmt ... po järnwägsstaschuhnen/...
Wenn ... gefunden wird, schicken Sie ... bitte an meine Adresse.	Var snäll och skicka ... till min adress, när ... hittats. wahr snäll ock schicka ... till min adress, när ... hittats.
Hier ist meine Adresse.	Här är min adress. här eh min adress.

Wortliste Fundbüro

Adresse adress adress
Armbanduhr
armbandsklocka
armbandsklocka
Autoschlüssel
bilnyckel bilnyckel
Brieftasche
plånbok plohnbuk
finden
hitta hitta
Führerschein
körkort chörkurt

Fundbüro
hittegodsavdelning
hitteguhdsahwdehlning
Gegenstand
föremål föhremohl
Geld pengar pengar
Geldbörse börs bösch,
portmonä portmonäh
Handtasche
handväska handwäska
Kamera kamera kahmera
Kette kedja chedja

Personalausweis
legitimation(skort)
legitimaschuhn(skurt)
Reisepaß pass pass
Ring ring ring
schicken sända sända,
skicka schicka
Schlüssel nyckel nyckel
Tasche väska wäska
Uhr klocka klocka, ur ür
verlieren
förlora förluhra

Bank

i Landes- sowie Fremdwährung darf unbegrenzt ein- und
ausgeführt werden. Eurocheques werden nicht als Zahlungs-
mittel angenommen. Sie dienen lediglich zum Geldumtausch
bei der Bank.

Wo ist die nächste Bank/Sparkasse?	Var ligger närmaste bank/sparbanken?
	wahr liggr närmaste bank/sparbanken?
Ich möchte 100/... DM/... wechseln.	Jag skulle vilja växla hundra/... D-mark/...
	jah skulle willja wäxla hundra/... deh-mark/...
Wie ist der Kurs heute?	Hur är kursen idag?
	hür eh kuschen idahg?
Wieviele schwedische Kronen bekomme ich für 100/... DM/...?	Hur många svenska kronor får jag för hundra/... D-mark/...?
	hür monga swennska krunur fohr jah för hundra/... deh-mark/...?
Ich möchte diesen Scheck/... einlösen.	Jag skulle vilja lösa in den här checken/...
	jah skulle willja lösa inn denn här checken/...
Haben Sie eine Geldanweisung für mich/uns erhalten?	Har någon satt in pengar på mitt/vårt konto?
	hahr nohgon satt inn pengar po mitt/vohrt kontu?
Bitte unterschreiben Sie hier.	Var snäll och underteckna här.
	wahr snäll ock unndrteckna här.

abheben
ta ut
tah üt
auszahlen
betala ut
betahla üt
Bank bank bank
Bankkonto
bankkonto
bankkontu
Bargeld
kontanter
kontanntr
Betrag
belopp belopp
Devisen
(utländsk) valuta
(ütländsk) walühta
Geld
pengar
pengar

Geldanweisung
(penning)anvisning
(penning)anwihsning
Geldautomat
bankomat
bankomaht
Geldschein
sedel
sehdel
Kasse
kassa kassa
Kleingeld
småpengar
smohpengar
Kurs
kurs kusch
Münzen
mynt
mynnt
Quittung
kvitto kwittu

Scheckkarte
checkkort checkkurt
Sparbuch
sparbanksbok
spahrbanksbuk,
bankbok bankbuk
telegraphisch
telegrafisk
telegrahfisk
Überweisung
överföring öwrföring
Unterschrift
underskrift unndrskrifft,
namnteckning
nammnteckning
Währung
valuta walühta
Wechselkurs
växelkurs wäxelkusch
wechseln
växla wäxla

RESEVALUTA
rehsewalühta
Geldwechsel

KASSA
kassa
Kasse

VÄXELKURS
wäxelkusch
Wechselkurs

VALUTA
walühta
Devisen

Die Schrift

Das schwedische Alphabet hat gegenüber dem deutschen einen zusätzlichen Buchstaben: **å**, der den Lautwert **o** (nicht **a**!) hat. Das Alphabet schließt mit den drei Buchstaben **å**, **ä**, **ö** (in dieser Reihenfolge). Die Buchstaben **c**, **q**, **w** und **z** kommen nur in Fremdwörtern vor.

Die Aussprache

Die in diesem Buch verwendete Lautschrift ermöglicht eine verständliche schwedische Aussprache ohne phonetische Umrechnungstabellen. Alle wesentlichen Besonderheiten der schwedischen Aussprache wurden darin bereits berücksichtigt. Der Übersichtlichkeit halber werden hier einige wichtige lautliche Unterschiede zur deutschen Sprache zusammengestellt.

Die Vokale

Schwedische Rechtschreibung		Lautschrift
a	lang: wie im englischen Wort „car", runder als das lange **a** im Deutschen;	**ah**
	kurz: wie im Deutschen	**a**
y	kurz oder lang: zwischen **i** und **ü** liegend, gespannter als das deutsche **ü**	**y/yh**
å	kurz oder lang: wie das **o** in „Sohn"	**o/oh**
u	kurz: zentraler als in „Hund", zwischen **u** und **ü** liegend;	**u**
	lang: wie deutsches **ü**	**üh**
o	wird manchmal wie das deutsche **o** in „Post" (kurz) und „Sohn" (lang) gesprochen,	**o/oh**
	jedoch häufig wie das deutsche **u** in „Muster" (kurz) und „Mut" (lang)	**u/uh**

Die Konsonanten

Das Lautschriftzeichen **ch**, das in diesem Buch den Lautwert von geschriebenem **k** vor **ä, e, i, ö, y** und von einigen anderen Verbindungen wiedergibt, ist immer wie in „ich", niemals wie in „ach" auszusprechen.

Das **s** ist im Schwedischen immer ein „scharfes s" wie in „Fuß".

Das **v** wird immer wie ein deutsches w in „Wiege" ausgesprochen.

Im Schwedischen haben verschiedene Buchstabenverbindungen den Lautwert eines einfachen **j**, andere den Lautwert von **ch** wie in „ich" (siehe oben), und eine dritte Gruppe von Verbindungen den Lautwert **sch**. Die zwei wichtigsten Wechsel dieser Art sind:

g   vor **ä, e, i, ö, y** und nach **l** oder **r** wird wie **j** ausgesprochen; und

k   vor **ä, e, i, ö, y** wird wie **ch** in „ich" ausgesprochen.

Die Betonung

Im allgemeinen wird die erste Silbe eines Wortes betont. Gerade bei zusammengesetzten Wörtern ist es wichtig, daß auf die zusätzliche Betonung einer weiteren Silbe geachtet wird. Deshalb wirkt die Betonung in mehrsilbigen Wörtern oft schwebend.

Lange betonte Vokale werden in dieser Lautschrift durch ein nachfolgendes **h** gekennzeichnet. Diese Laute werden oft besonders gedehnt.

Beispiele: musik musihk, solnedgång suhlnehdgong

Kurze betonte Vokale werden durch Verdopplung des nachfolgenden Konsonanten gekennzeichnet.

Beispiele: mönster mönnstr, evenemang ewenemanng

Die Substantive

Im Gegensatz zum Deutschen gibt es im Schwedischen nur zwei Geschlechter, die nach der Form des unbestimmten Artikels „**en**-Wörter" (gemeinsames Geschlecht) bzw. „**ett**-Wörter" (Neutrum) genannt werden. **Ett**-Wörter werden im Wörterbuch Deutsch–Schwedisch mit „n" gekennzeichnet.

Der unbestimmte Artikel

Er lautet im Singular:

vor **en**-Wörtern	**en**:	**en** bil (ein Auto), **en** pojke (ein Junge), **en** flicka (ein Mädchen)
vor **ett**-Wörtern	**ett**:	**ett** hus (ein Haus), **ett** år (ein Jahr), **ett** äpple (ein Apfel)

Der bestimmte Artikel

Singular
Der bestimmte Artikel wird im Singular in der Form -(**e**)**n** bzw. -(**e**)**t** an das Substantiv angehängt:

bil**en** (das Auto), pojk**en** (der Junge), flick**an** (das Mädchen), hus**et** (das Haus), äppl**et** (der Apfel).

Geht dem Substantiv ein Adjektiv voraus, wird ein zusätzlicher bestimmter Artikel vorangestellt:

den, **det** und **de** (siehe Adjektive).

Plural
Der Plural wird folgendermaßen gebildet:

unbestimmt
Die meisten **en**-Wörter:	Anhängen von -(**a**)**r**:	bil**ar** (Autos), pojk**ar** (Jungen)
Einige **en**-Wörter:	Anhängen von -(**e**)**r**:	restaurang**er** (Restaurants)
en-Wörter mit -**a**:	Ersatz des -**a** durch -**or**:	flick**or** (Mädchen)
ett-Wörter mit -**e**:	Anhängen von -**n**:	äppl**en** (Äpfel)
Andere **ett**-Wörter:	Ohne Endung:	hus (Häuser)

bestimmt
Ett-Wörter ohne Pluralendung:	Anhängen von -**en**:	hus**en** (die Häuser)
Alle anderen Substantive:	Anhängen von -(**n**)**a**:	bil**arna** (die Autos)
		äppl**ena** (die Äpfel)

Genitiv

Der **Genitiv** wird durch Hinzufügen von -**s** gebildet:

flicka**ns** bil (das Auto des Mädchens), min far**s** bil (das Auto meines Vaters)

Die Adjektive

Ist das Substantiv unbestimmt, hat das Adjektiv

für ein **en**-Wort im Singular keine Endung: en röd bil (ein rotes Auto)
für ein **ett**-Wort im Singular die Endung -**t**:   ett stor**t** hus (ein großes Haus)
für alle Substantive im Plural die Endung -**a**:   röd**a** bilar (rote Autos)

Ist das Substantiv im Singular oder im Plural bestimmt, wird der entsprechende
Artikel **den**, **det** oder **de** vorangestellt, und das Adjektiv erhält die Endung -**a**:
den röd**a** bilen (das rote Auto)
det stor**a** huset (das große Haus)
de röd**a** bilarna (die roten Autos)
de stor**a** husen (die großen Häuser)

Die Steigerung

Die Adjektive werden folgendermaßen gesteigert:

Komparativ: Grundform plus -**are**   Superlativ: Grundform plus -**ast**

dyr (teuer), dyr**are** (teurer), dyr**ast** (am teuersten)

Alle auf -**isk** und viele andere mehrsilbige Adjektive werden mit **mer** (mehr) und **mest**
(am meisten) gesteigert:

typisk (typisch), **mer** typisk (typischer), **mest** typisk (am typischsten)

Die Verben

Die schwedischen Verben haben keine Personalendungen, und es gibt für jede Zeit nur eine Form.

„haben" und „sein"

Infinitiv	Imperativ	Präsens	Präteritum	Perfekt
vara (sein)	var	är	var	har varit
ha (haben)	ha	har	hade	har haft

Das Perfekt wird immer nur mit **har** gebildet:

Jag **har** varit ... (Ich bin ... gewesen.)

Der **Infinitiv**	ist der Stamm des Verbs mit der Endung **-a**	
Der **Imperativ**	ist der Stamm des Verbs ohne Endung bzw. mit **-a**	
Das **Präsens**	hat die Endungen	**-(e)r** oder **-ar**
Das **Präteritum**	hat die Endungen	**-(a)de**, **-te** oder keine Endung
Das **Perfekt**	hat die Endungen	**-t(t)**, **-at** oder **-it**

Das Perfekt wird im Schwedischen sehr viel seltener und das Präteritum sehr viel häufiger als im Deutschen verwendet!

Infinitiv	Imperativ	Präsens	Präteritum	Perfekt
kalla (rufen)	kalla	kall**ar**	kall**ade**	har kall**at**
köpa (kaufen)	köp	köp**er**	köp**te**	har köp**t**
höra (hören)	hör	hör	hör**de**	har hör**t**
skriva (schreiben)	skriv	skriv**er**	skrev	har skriv**it**

Das **Passiv** wird in der Umgangssprache durch Voransetzen des Verbs **bli** (werden) gebildet:

Huset **blir** sålt. (Das Haus wird verkauft.)
Huset **blev** sålt. (Das Haus wurde verkauft.)
Huset har **blivit** sålt. (Das Haus ist verkauft worden.)

In der Amtssprache wird das Passiv durch Anhängen der Endung **-s** an den Infinitiv gebildet:

Dörren stäng**s** klockan 5. (Die Tür wird um 5 Uhr geschlossen.)

Das **Futur** wird in der Umgangssprache mit Hilfe von Präsens und Zeitangabe gebildet:

Jag kommer i morgon. (Ich werde morgen kommen.)

Die Modalverben

Infinitiv	Präsens	Präteritum	Perfekt
böra (sollen)	bör	borde	bort
kunna (können)	kan	kunde	kunnat
måste (dürfen, müssen)	måste	måste	måst
skola (sollen, werden)	ska	skulle	skolat
vilja (wollen)	vill	ville	velat

Weitere Verben

betala (bezahlen)	betalar	betalte	betalt
bo (wohnen)	bor	bodde	bott
fråga (fragen)	frågar	frågade	frågat
förklara (erklären)	förklarar	förklarade	förklarat
förstå (verstehen)	förstår	förstod	forstått
få (bekommen, dürfen)	får	fick	fått
hitta (finden)	hittar	hittade	hittat
hyra (mieten)	hyr	hyrde	hyrt
hälsa (grüßen)	hälsar	hälsade	hälsat
möta (treffen)	möter	mötte	mött
nå (erreichen)	når	nådde	nått
packa (packen)	packar	packade	packat
prata (reden)	pratar	pratade	pratat
resa (reisen)	reser	reste	rest
ringa (anrufen, klingeln)	ringer	ringde	ringt
se (sehen)	ser	såg	sett
sitta (sitzen)	sitter	satt	suttit
säga (sagen)	säger	sa	sagt
söka (suchen)	söker	sökte	sökt
tro (glauben, meinen)	tror	trodde	trott
veta (wissen)	vet	visste	vetat
växla (wechseln)	växlar	växlade	växlat

Die Adverbien

Zu den wichtigsten Adverbien gehören die

Ortsadverbien

Eine Reihe von Ortsadverbien hat zwei Formen:
- die Grundform gibt eine Richtung an; man fragt „wohin?"
- die Grundform mit den Endungen **-a** oder **-e** gibt einen Ort an; man fragt „wo?"

Vi åker **hem**. (Wir fahren nach Hause.)
Vi är **hemma**. (Wir sind zu Hause.)
De seglar **ut** till ön. (Sie segeln zur Insel hinaus.)
De är **ute** på ön. (Sie sind draußen auf der Insel.)

Weitere Ortsadverbien:

wohin?	wo?
bort (weg, fort)	borta (weg, fort)
dit (dorthin)	där (dort)
hit (hierhin)	här (hier)
in (hinein, herein)	inne (innen)
ner (hinunter, herunter)	nere (unten)
upp (hinauf, herauf)	uppe (oben)
vart ...? (wohin ...?)	var ...? (wo ...?)

Gradadverbien

hur ...? (wie ...?)	mycket (viel, sehr)
lite (ein wenig)	nästan (fast)
lagom (genug, passend)	ungefär (ungefähr)

Det var **mycket** varmt i går. (Es war gestern sehr warm.)

Einige **bejahende** bzw. **verneinende Adverbien** sind:

ja (ja)	nej (nein)
jo (doch)	inte (nicht), inte alls (gar nicht)
också (auch)	tyvärr (leider)
ändå (trotzdem)	inte heller (auch nicht)
naturligtvis (natürlich)	tvärtom (im Gegenteil)

Jag vill **inte** simma i dag. (Ich will heute nicht schwimmen.)
Det vill jag **inte heller**. (Das will ich auch nicht.)

Zeitadverbien

aldrig (nie)	ofta (oft)
alltid (immer)	redan (schon, bereits)
då (dann)	slutligen (zuletzt)
genast (sofort)	snart (bald)
ibland (ab und zu)	så småningom (nach und nach)
nu (jetzt)	äntligen (endlich)
när ...? (wann ...?)	än (noch)

Vädret blir **så småningom** bättre. (Das Wetter wird allmählich besser.)

Adverbien der Art und Weise

Diese Adverbien antworten auf die Frage **hur?** (wie?), z. B.: **sådan** (so). Sie werden oft von einem Adjektiv abgeleitet und haben dann die Endung **-t**:

Jag kom för sen**t**. (Ich bin zu spät gekommen.)
Hon talar tydlig**t**. (Sie spricht deutlich.)

Die Pronomen

Die Personalpronomen

Sie haben im Gegensatz zum Deutschen nur drei Fälle: Nominativ, Objektkasus (im Deutschen Dativ/Akkusativ) und Genitiv (Possessivpronomen).

Nominativ
jag (ich), du (du), han (er), hon (sie), den (er, sie), det (es), vi (wir), ni (ihr), de (sie)
Beachten Sie: **han** und **hun** beziehen sich nur auf Personen, **den** und **det** bezeichnen Sachen bzw. Gegenstände.

Objektkasus
mig (mir, mich), dig (dir, dich), honom (ihm, ihn), henne (ihr, sie), sig (sich), oss (uns), er (euch), dem (ihnen, sie), sig (sich)
Vill du med **mig** till stranden? (Willst du mit mir zum Strand?)

Genitiv (Possessivpronomen)

min/mitt/mina (mein, meine usw.)	vår/vårt/våra (unser, unsere usw.)
din/ditt/dina (dein, deine usw.)	er/ert/era (euer, eure usw.)
hans (sein, seine usw.)	deras (ihr, ihre usw.)
hennes (ihr, ihre usw.)	sin/sitt/sina (sein, seine, ihr, ihre usw.)*
dess (sein, seine usw.)	
sin/sitt/sina (sein, seine, ihr, ihre usw.)*	* Subjekt des Satzes = Besitzer

Die drei verschiedenen Formen der Wörter **min**, **din**, **sin**, **vår**, und **er** werden wie die drei Formen eines Adjektivs gebraucht (siehe Adjektive).

Är det **ert** hus där? (Ist das euer Haus dort?) Nej, det är inte **vårt**. (Nein, das ist nicht unseres.)
Har ni sett **mina** badbyxor? (Habt ihr meine Badehose gesehen?)

Die Fragepronomen

Substantivisch heißen sie

bei Personen:	vem	(wer, wem, wen)
bei Sachen:	vad	(was)

Vem känner vägen? (Wer kennt den Weg?)
Vad skulle du vilja äta? (Was willst du essen?)

Adjektivisch heißen sie

für ein **en**-Wort:	vilken	(welche/-r usw.)
für ein **ett**-Wort:	vilket	(welche/-r usw.)
für den Plural:	vilka	(welche/-n)

Gängig für Singular sowie Plural ist: Vad för ...?

Vilket landskap i Sverige tycker du bäst om?
(Welche Region in Schweden gefällt dir am besten?)

Vad för böcker vill du låna hem?
(Welche Bücher willst du dir ausleihen?)

Das am häufigsten gebrauchte **Relativpronomen** lautet **som**.

Mannen, **som** står där borta, är min far. (Der Mann, der dort drüben steht, ist mein Vater.)

Die Konjunktionen

Die beiordnenden Konjunktionen

och (und)	varken ... eller (weder ... noch)
både ... och (sowohl ... als auch)	såväl ... som (sowohl ... als auch)
dels ... dels (teils ... teils)	äntingen ... eller (entweder ... oder)
eller (oder)	inte bara ... men också (nicht nur ... sondern auch)
men (aber)	

Efter resan var vi **både** trötta **och** hungriga.
(Nach der Reise waren wir sowohl müde als auch hungrig.)

Die unterordnenden Konjunktionen

att (daß)	förrän (bevor)
då (als)	medan (während)
därför att (weil)	när (wenn)
efter att (nachdem)	om (wenn, ob)
fast (obwohl)	sedan (seit)
för att (um zu)	så snart som (sobald wie)

De säger, **att** det kostar tusen kronor. (Die sagen, daß es tausend Kronen kostet.)
Vi kommer igen **så snart som** möjligt. (Wir kommen sobald wie möglich wieder.)

Die Präpositionen

Hier ist Vorsicht geboten, da die Präpositionen im Schwedischen in vielen Fällen anders angewendet werden als im Deutschen.

bakom (hinter)
efter (nach)
framför (vor [räumlich])
för ... sedan (vor ... [zeitlich])
för (für)
från (von, aus)
genom (durch)
hos (bei [jemandem])
i (in)
med (mit)
mellan (zwischen)
mot (gegen)

om (um)
omkring (herum)
över (über)
på (auf)
på grund av (wegen)
sedan (seit)
till (zu, nach)
under (unter)
ur (aus ... heraus)
utan (ohne)
vid (an, bei [Sache])

Var avgår tåget **mot** Malmö? (Von wo fährt der Zug Richtung Malmö ab?)
Uppsala ligger norr **om** Stockholm. (Uppsala liegt nördlich von Stockholm.)
Jag ska **till** läkaren i morgon bitti. (Ich muß morgen früh zum Arzt.)
Det var **för** tre år **sedan**. (Es war vor drei Jahren.)
De kommer **om** en timme. (Die kommen in einer Stunde.)

Die Wortstellung

Bei den zusammengesetzten Zeiten ist die Wortstellung im Schwedischen anders als im Deutschen:

Vi har haft en bra semester. (Wir haben einen schönen Urlaub gehabt.)

Lediglich Adverbien, z. B. inte (nicht), werden zwischen Hilfs- und Hauptverb eingefügt:

Jeg har inte varit i Sverige förr. (Ich bin noch nie zuvor in Schweden gewesen.)

Ortsbestimmungen stehen gewöhnlich am Ende eines Satzes, es sei denn, es kommt auch eine Zeitbestimmung vor:

Vi kör till Stockholm i morgen. (Wir fahren morgen nach Stockholm.)

Adjektiv	Eigenschaftswort: das **gute** Buch
Adverb	Umstandswort: die Frau spricht **fließend** Spanisch
Akkusativ	4. Fall/Wenfall: ich habe **den Mann** gesehen
Artikel	Geschlechtswort: **der** Mann, **die** Frau, **das** Kind
Dativ	3. Fall/Wemfall: ich gebe **ihm** das Buch
Deklination	Beugung von Substantiven und Adjektiven: die Adresse **des Hotels**
deklinieren	beugen von Substantiven und Adjektiven
Demonstrativ-pronomen	hinweisendes Fürwort: **diese** Stadt ist schön
Femininum	weibliche Form/weiblich: **die** Frau
Futur	Zukunftsform: ich **werde** dich anrufen
Genitiv	2. Fall/Wesfall: das Spielzeug **des Kindes**
Imperativ	Befehlsform: **Kommen Sie! Komm! Kommt!**
Infinitiv	Grundform: **kommen, essen**
Komparativ	1. Steigerungsstufe: **langsamer, schneller**
Konjugation	Beugung von Verben: **ich gehe, du gehst** usw.
konjugieren	beugen von Verben
Konsonant	Mitlaut: **b, k, l,** usw.
Maskulinum	männliche Form/männlich: **der** Mann
Negation	Verneinung
Neutrum	sächliche Form: **das** Kleid
Nominativ	1. Fall/Werfall: **der Reiseleiter** spricht Deutsch
Objekt	Satzergänzung: die Frau liest **den Roman**
Partizip	Mittelwort: **gegessen**
Perfekt	vollendete Gegenwart: **ich habe** den Brief **geschrieben**
Personalpronomen	persönliches Fürwort: **ich, du, er** usw.
Plural	Mehrzahl: **die Kinder**
Positiv	Grundform des Eigenschaftswortes: **schön, klein**
Possessivpronomen	besitzanzeigendes Fürwort: **mein, dein** usw.
Präfix	Silbe vor dem Wortstamm: **ge**mütlich
Präposition	Verhältniswort: **auf, in, von** usw.
Präsens	Gegenwart: **ich komme, er fährt**
Präteritum	Vergangenheitsform: ich **rief** ihn an
Pronomen	Fürwort: **er, sie** usw.
Singular	Einzahl: **das Kind, ein Haus**
Subjekt	Satzgegenstand: **der Mann** liebt die Frau
Substantiv	Hauptwort: das **Hotel**, der **Strand**
Suffix	Silbe nach dem Wortstamm: gemüt**lich**
Superlativ	2. Steigerungsform: Hans ist der **jüngste** Schüler
Verb	Zeitwort: **schlafen, kommen, gehen**
Vokal	Selbstlaut: **a, o, u** usw.

Wörterbuch Deutsch – Schwedisch

A

ab från fron
abbestellen avbeställa ahwbeställa
Abend afton afton
Abendessen middag middag
aber men menn
abfahren (av)resa (ahw)resa,
avgå ahwgo
Abfahrt avgång ahwgong
Abfall avfall ahwfall n
abholen hämta hämmta
ablehnen avböja ahwböija vägra wägra
abnehmen ta av tah ahw
(an Gewicht) magra mahgra
abreisen avresa ahwresa
Abschied nehmen
ta avsked tah ahwschehd
Abstand avstånd ahwstonnd
Achtung se upp! seh upp!, obs! obs!
Adresse adress adress
Agentur agentur agentühr
allein ensam ehnsamm
alles allt allt
allgemein allmän allmän
alt gammal gammal
Alter ålder olldr
Amt (Behörde) myndighet mynndiheht
(ämbets)verk (ämmbehts)werk n
amüsieren roa sig rua sej
an vid wihd
anbieten bjuda på bjüda po
Andenken minne minne n
andere andra anndra
Anfang början början
anfangen börja börja
angenehm trevlig trehwli
anhalten stanna stanna
Anhalter liftare lifftare

ankommen ankomma annkomma,
anlända anlända
Ankunft ankomst annkommst
Anlage anläggning annläggning
anlegen lägga till lägga till
anmachen (Licht, Gas) tända tända
anmelden anmäla anmäla
annehmen motta muhttah
anprobieren prova pruwa
anreden tilltala tilltahla
anrufen ringa (upp) ringa (upp)
Anschrift adress adress
Ansicht (Meinung) åsikt ohsickt
anstrengend
ansträngande ansträngande
Antwort svar swahr n
antworten svara swahra
anzahlen ge på hand jeh po hand
Anzahlung förskott föschkott
anziehen (Kleidung)
klä på (sig) klä po sej
Apotheke apotek aputehk n
Apparat apparat apparaht
Apartment lägenhet lähgenheht
Arbeit arbete arbete n
arbeiten arbeta arbeta
arm fattig fatti
Art slag slahg n, sort sort
Arzt läkare läkare
auch också ockso
auf på po
aufbewahren förvara förwahra
Aufenthalt uppehåll uppeholl n
aufhören sluta upp slüta upp
aufmachen öppna öppna
aufpassen passa på passa po
Aufschnitt pålägg pohlägg n
Aufschrift (Schild)
påskrift poskrift
aufstehen stiga upp stiga upp

auf Wiedersehen adjö adjö,
så länge so länge
aus av ahw, från fron
aus (aufgebraucht, ausverkauft) slut slüt
Ausfahrt avfart ahwfart, utfart ütfart
Ausflug utflykt ütflykt
Ausgang utgång ütgong
ausgeben ge ut jeh üt
ausgehen gå ut go üt
Auskunft upplysning upplysning
Ausland utlandet ütlandet (best).
Ausländer utlänning ütlänning
Auslandsgespräch
utlandssamtal ütlandssammtahl
ausleihen låna ut lona üt
Ausnahme undantag unndantahg
auspacken packa upp packa upp
ausreisen
resa ut (ur landet) resa üt (ür landet)
außen (von außen) utifrån ütifron,
(nach außen) utåt ütot
Aussicht utsikt ütsikt
Aussprache uttal üttahl
aussprechen uttala üttahla
Ausstattung utrustning ütrustning
ausverkauft slutsåld slütsold
Ausweis legitimation legitimaschuhn,
identitetskort identitehtskurt
ausziehen (Kleidung) klä av klä ahw
ausziehen (Wohnung)
flytta (ut) flytta (üt)
Auto bil bil

B

Baby baby bejbi
Bad bad bahd n
baden bada bahda
Badeort badort bahdurt
Bahn bana bahna
bald snart snart
Ball (Sport) boll boll

Ball (Tanz) bal bal
Bank (Geldinstitut) bank bank
bar zahlen
betala kontant betahla kontannt
Batterie batteri batterih n
Bauernhof bondgård bunndgohrd
Baum träd trä n
beachten ge akt på jeh ackt po,
ta hänsyn till tah hänsyn till
Beanstandung klagomål klahgumohl n
bedauern beklaga beklahga
bedeuten betyda betyhda
Bedeutung betydelse betyhdelse n
bedienen betjäna bechähna
Bedienung betjäning bechähning
beeilen (sich) skynda sig schynda sej
befreundet sein
vara god vän med wahra gu wän meh
begegnen möta möta
Begegnung möte möte n
begleiten följa (med meh) följa
begrüßen hälsa på hällsa po
Begrüßung hälsning hällsning
behalten behålla beholla
behindert handikappad hanndikappad
Behinderung handikapp hanndikapp n
Behörde myndighet mynndiheht
bei (Person) hos huss, **(Sache)** vid wihd
Beifall bifall bihfall n
Beispiel exempel exemmpel n
beißen bita bita
bekannt känd chännd
Bekannte/-r bekant bekannt
bekommen få fo
belästigen ofreda ufreda
beleidigen förolämpa föhrulämmpa
benutzen använda annwända
beobachten iaktta i-akttah
bequem bekväm bekwähm
bereit beredd beredd
Berg berg bärrj n
Beruf yrke yrke n
beruhigen lugna lungna

berühmt berömd berömmd
Besatzung besättning besättning
beschädigen skada skahda
Bescheinigung intyg inntyg
beschreiben beskriva beskrihwa
Beschreibung
beskrivning beskrihwning
Beschwerde
klagomål klagumohl, besvär beswähr
besetzt upptagen upptahgen
besichtigen besöka besöhka
Besichtigung besiktning besicktning
Besitzer ägare ähgare
besonders särskilt särschilt
besorgen skaffa skaffa
bestellen beställa beställa
Bestellung beställning beställning
bestimmt bestämd bestämmd
Besucher besökare besöhkare
besuchen besöka besöhka
beten be beh
betrügen lura lüra
Betrug bedrägeri bedrägerih n
betrunken berusad berühsad
Bett säng säng
bewegen röra (sig) röra (sej)
Beweis bevis bewihs n
beweisen bevisa bewihsa
bewundern beundra beunndra
bezahlen betala betahla
bieten (er)bjuda (er)bjühda
Bild (Foto) foto futu n, bild billd
Bild (Gemälde) målning molning
billig billig billi
bis till till
bitte (Aufforderung)
var snäll och wahr snäll ock;
(Antwort auf Dank)
var så god waschegu
Bitte bön bönn,
begäran bejäran
bitten be beh
bitter bitter bittr

bleiben stanna stanna
blind blind blind
Blume blomma blumma
Blumenstrauß
blombukett blummbukett
Boden (Grund) mark mark;
(Erde) jord juhrd
Bord (an Bord)
ombord ommbuhrd
Botschaft
meddelande mehdehlande n
Botschaft (Behörde)
ambassad ambassahd
Brand brand brand
braten steka stehka
brauchen behöva behöhwa
breit bred brehd
brennen bränna bränna
Brief brev brehw n
Brille glasögon glahsöhgon (Pl.)
bringen (her-)
ta med (sig) tah meh (sej)
bringen (weg-) ta bort tah bort
Bruder bror brur
Buch bok buk
buchen reservera reserwehra
Buchhandlung
bokhandel bukhandel
Bucht bukt buckt
bügeln stryka stryka
Büro kontor kontuhr n
bunt färggrann färrjgrann
Bus buss buss

C

Café kafé kafeh
Camping camping kamping
Charterflug
charterflyg chahtrflyg n
Chauffeur chaufför schofföhr
Chef chef scheff

D

da (örtl.) där där
da (weil) då do,
eftersom äffteschomm
damals då do
Dame dam dahm
Damenfriseur damfrisör dahmfrisör
danach därefter däräfftr
danken tacka tacka
Datum datum dahtum
Dauer varaktighet wahracktihet
dauern vara wahra
Decke (Bett) täcke täcke n
Decke (Zimmer) tak tahk n
defekt defekt defeckt
dein din dihn
denken tänka tänka
Denkmal
minnesmärke minnesmärke n, monument
monumennt n
deshalb därför därför
deutsch tysk tyssk
Deutsch (Sprache) tyska tysska
Deutsche tyska tysska
Deutscher tysk tyssk
Deutschland Tyskland tysskland
dich dig dej
dick tjock chock
Dienst tjänst chänst
dies/-e/-er/-es
den denn/den denn/det här deh här
diese (Pl.) de här domm här
Ding sak sahk
dir dig dej
doppelt dubbel dubbel
Dorf by by
dort där där
Dose burk burk
Draht tråd trohd
draußen ute üte
dreckig smutsig smuttsi
dringend brådskande brodskande

Drogerie parfymeri parfymerih
Drogerieartikel
parfymeriartiklar parfymerih-artiklar
drücken trycka trycka
du du dü
dumm dum dumm
dunkel mörk mörk
dünn tunn tunn
durch genom jennomm
dürfen få fo
Durst haben vara törstig wahra töschti

E

echt äkta äkta
Ecke hörn hörn n
Ehefrau hustru hüstrü
Ehemann make mahke
Ehepaar äkta par äkta pahr n
Ehre ära ära
Eigentümer ägare ähgare
eilig hastig hasti
einfach enkel enkel
Einfahrt infart innfart
Einführung införande innförande
Eingang ingång inngong
einheimisch inhemsk innhämsk
einige några nogra
einkaufen handla handla
einladen (in)bjuda (inn)bjüda
Einladung inbjudan innbjüdan
einreisen resa in resa inn
Einreise inresa innresa
einsam ensam ehnsamm
einschalten (Licht) tända tända
einschalten (Motor, Radio)
sätta på sätta poh
einschenken hälla i hälla ih
einschlafen somna sommna
einsteigen stiga in stiga inn
eintragen inskriva innskriwa
Eintritt inträde innträde n

Einwohner invånare innwonare
einzeln enskild ehnschild
Eis is ihs; **(Speiseeis)** glass glass
Eisenbahn järnväg järnwäg
elegant elegant elegannt
Eltern föräldrar forälldrar
Empfang mottagande muhttahgande
empfangen motta muhttah
Empfänger mottagare muhttahgare
empfehlen rekommendera rekommendehra
empfindlich öm(tålig) ömm(toli)
Ende slut slüt
eng trång trong
Enkel/-in barnbarn bahrnbahrn n
Entfernung avstånd ahwstond n
entscheiden avgöra ahwjöra
entschuldigen ursäkta ühschäckta
Entschuldigung ursäkt ühschäckt
Entschuldigung! ursäkta! ühschäckta!,
förlåt! förloht!
enttäuscht besviken beswihken
er han hann
Erde jord juhrd
Erdgeschoß bottenvåning bottenwoning
ereignen hända hända
Erfolg framgång frammgong
erforderlich nödvändig nöhdwändi
Erfrischung (Getränk)
förfriskning förfrisskning
Ergebnis resultat resultaht
erhalten få fo
erholen (sich) vila upp (sig) wila upp (sej)
Erholung rekreation rekreaschuhn
erinnern (sich)
komma ihåg komma ihohg
erkälten förkyla förchyhla
erkennen känna igen chänna ijenn, se seh
erklären förklara förklahra
erkundigen (sich) höra sig för höra sej för
erlauben tillåta tillohta
Erlaubnis tillåtelse tillohtelse
erledigen klara av klahra ahw
Ermäßigung rabatt rabatt

Eröffnung öppnande öppnande
erreichen nå no
erpressen utpressa ühtpressa
Ersatzteil reservdel reserrwdehl
erste/r/s första föschta
erschrecken förskräcka föschräcka
ersetzen ersätta eschätta
ertragen tåla tola
Erwachsene/-r vuxen wuxen
erwarten vänta wännta
erzählen berätta berätta
Erziehung uppfostran uppfustran
es det deh
essen äta äta
Essen mat maht
etwas något nohgot
euch er ehr
euer/-e/-es er ehr/er ehr/ert ehrt
Europa Europa euruhpa
Europäer/-in europé eurupeh

F

Fabrik fabrik fabrihk
Fachmann fackman fackmann
Faden tråd trohd
Fähre färja färja
fahren köra chöra
Fahrer chaufför schofföhr
Fahrgast passagerare passaschehrare
Fahrkarte biljett biljett
Fahrrad cykel syckel
Fahrstuhl hiss hiss
Fahrt tur tür, resa resa
fallen falla falla
falsch fel fehl
falsch (Geld) falsk fallsk
Familie familj famillj
Farbe färg färj
fast nästan nästan
faul lat laht, **(Obst)** rutten rutten
fehlen fattas fattas

Fehler fel fehl n
feiern fira fira
Feiertag helgdag helljdahg
Feld fält fällt n
Feld (Acker) åker ohkr
Felsen klippa klippa
Fenster fönster fönnstr n
Ferien lov lohw n, semester semesstr
Ferienhaus sommarstuga sommaschtüga
Ferienwohnung
semesterlägenhet semesstrlähgenheht
Fernglas kikare chihkare
fertig färdig färdi
Fest fest fest, kalas kalahs n
Festtag festdag fesstdahg
fett fet feht
Fett fett fett n
feucht fuktig fuckti
Feuer eld elld
Feuerlöscher eldsläckare elldsläckare
Feuerwehr brandkår brandkohr
Feuerzeug tändare tändare
Filiale filial filiahl
Film film film
finden hitta hitta
Fisch fisk fissk
fischen fiska fisska
Flasche flaska flasska
Fleisch kött chött n
fleißig flitig flihti
Fliege fluga flüga
fliegen flyga flyga
fließen flyta flyta
Flüssigkeit vätska wätska
Flug flyg flyg
Flughafen flygplats flygplats
Flugzeug flygplan flyhgplahn
Fluß älv ällw
Flüßchen å o
folgen följa föllja
Fotoapparat kamera kahmera
Fotogeschäft fotoaffär fuhtuaffähr
fotografieren fotografera futugrafehra

Fräulein fröken fröken
Frage fråga froga
fragen fråga froga
Frau kvinna kwinna,
(Anrede) Fru frü
Frau (Ehe-) hustru hüstrü
frei ledig lehdi
fremd främmande främmande
Fremde/-r främling främmling
Fremdenverkehrsbüro/-amt
turistbyrå türisstbyroh n
freuen glädja glädja
Freund/-in vän/väninna wän/wäninna
freundlich vänlig wänli, snäll snäll
frieren frysa frysa
frisch frisk frissk
früh tidig tihdi
frühstücken äta frukost äta frukost
fühlen känna chänna
führen föra föra
Führer guide gaid
Führerschein körkort chörkurt n
für för för
Fundbüro
hittegodsavdelning hitteguhdsahwdehlning
Fußboden golv gollw n
Fußgänger fotgängare fuhtgängare

G

ganz hel hehl
Garderobe garderob gaderohb
Garten trädgård trähgohrd
Gast gäst jässt
Gastfreundschaft
gästfrihet jässtfriheht
Gastgeber/-in värd/inna wärd/inna
Gasthof gästgivargård jässtjiwargohrd
Gastronomie gastronomi gastronomih
Gebäude byggnad byggnad
geben ge jeh
Gebiet område ommrode n

Gebirge fjäll fjäll, berg berrj
gebraucht begagnad begangnad
Geburtstag födelsedag föhdelsedahg
gefährlich farlig fahrli
Gefängnis fängelse fängelse n
Gefahr fara fahra
gefallen tycka om tycka omm
Gefühl känsla chänsla
gegen (wider) mot muht
gegen (zeitlich) omkring ommkring
Gegend trakt trackt
Gegenstand föremål föhremohl
Gegenteil motsats muhtsats
gehen gå go
gehören tillhöra tillhöhra
Gelände terräng terränng
Geld pengar pengar
Geldstrafe böter böhtr
gelten gälla jälla
gemeinsam gemensam jemehnsamm
gemischt blandat blandat
gemütlich trevlig trehwli
genau precis presihs
genießen njuta (av) njüta ahw
genug nog nuhg
geöffnet öppet öppet
Gepäck bagage bagahsch
gerade rak rahk, just jusst
Garage garage garahsch
Geräusch ljud jühd
Gericht rätt rätt
gern gärna järna
Geruch lukt luckt
Geschäft affär affähr
Geschenk present presennt
Geschichte historia histuhria
geschlossen stängd stängd
Geschmack smak smahk
Geschwister syskon sysskonn
Gesetz lag lahg
Gespräch samtal sammtahl n
gestatten tillåta tillohta
gestern igår igohr

gesund frisk frissk, sund sund
Gesundheit hälsa hällsa
Getränk dryck dryck
Getränkekarte vinlista wihnlista
getrennt skild schilld
Gewicht vikt wickt
gewinnen vinna winna
Gewohnheit vana wahna
gibt es finns det finns deh
giftig giftig jiffti
Glas glas glahs n
Glaube tro tru
glauben tro tru
gleich (ähnlich) lik lihk
gleich (zeitlich) strax strax
Glück lycka lycka
glücklich lycklig lyckli
Glückwunsch gratulation gratulaschuhn
Gold guld guld n
Gott gud güd
Grad grader grahdr
Grammatik grammatik grammatihk
gratis gratis grahtis
gratulieren gratulera gratulehra
Grenze gräns gränns
Größe storlek stuhrlehk
groß stor stuhr
Grünanlage plantering plantehring
grüßen hälsa hällsa
Grund grund grund
gültig giltig jillti
günstig fördelaktig föhrdehlakti
gut bra brah, **(Essen)** god guhd
Gutschein tillgodokvitto tillguhdukwittu n

H

haben ha hah
halb halv hallw
Hälfte hälft hälft
hängen hänga hänga
häßlich ful fül

häufig ofta offta
halt! stopp! stopp!
halten stanna stanna, hålla holla
Hand hand hand
Handtasche handväska handwäska
hart hård hohrd
Hauptstadt
huvudstad hühwüdstahd
Haus hus hüs n
Haushaltsartikel
hushållningsartiklar
hüshollningsartiklar
Heft skrivbok skrihwbuk
heilig helig hehli
Heimat hembygd hemmbygd,
hemland hemmland
Heimreise hemresa hemmresa
heiraten gifta sig giffta sej
heiß varm warm
heißen heta heta
heizen elda ellda,
uppvärma uppwärma
helfen hjälpa jällpa
hell ljus jühs
herein! kom in! komm inn!
Herr herr herr
Herrenfriseur frisör frisöhr
herzlich hjärtlig järtli
heute idag idahg
hier här här
Hilfe hjälp jälp
Himmel himmel himmel
hinten bak bahk
hinterlegen deponera deponehra
Hobby hobby hobby
hoch hög höhg
Hochzeit bröllop bröllop n
höflich artig arti
hören höra höra
Hof gård gohrd
hoffen hoppas hoppas
hoffentlich jag jah,
hoppas hoppas

holen hämta hämmta
Holz trä trä n
Honorar honorar honorahr n
Hotel hotell hotell n
hübsch vacker wackr, snygg snygg
Hund hund hund
Hunger hunger hungr
husten hosta hussta

I

ich jag jah
Idee idé ideh
ihm (åt) honom (ot) honnom,
åt den ot denn, åt det ot deh
ihn honom honnom, den denn, det deh
ihnen åt dem ot domm
ihr (Pers. Pron.:) (Dat. von „sie")
(åt) henne (ot) henne,
(Nom. Pl. von „du") ni ni,
(Poss. Pron.:) (fem. Sing.)
hennes hennes, dess dess, sin sihn;
(Pl.) deras dehras, sin sihn
Imbiß matbit mahtbiht,
(Imbißstand) gatukök gahtüchöhk
immer alltid alltihd
Immobilien
fast egendom fast ehjendomm
impfen vaccinera waxinehra
in i i
Information information informaschuhn
informieren informera informehra
Inhalt innehåll inneholl n
Inland inland inland n
Innenstadt centrum senntrüm n
Insekt insekt inseckt
Insel ö ö
interessant intressant intressant
Interesse intresse intresse n
interessieren intressera intressehra
irren missta (sig) misstah (sej)
Irrtum misstag misstahg

J

jährlich årligen ohrlijen
ja ja jah
Jahr år ohr n
Jahreszeit årstid ohschtihd
jeder varje warje
jemand någon nohgon
jetzt nu nü
Jugend ungdom ungdom
jung ung ung
Junge pojke pojke
Juwelier juvelerare juwelehrare

K

Kabel kabel kahbel n
Kabine hytt hytt
Käufer köpare chöhpare
Kaffee kaffe kaffe
kalt kall kall
Kanal kanal kanahl
kaputt trasig trahsi, sönder sönndr
Karte (Spiel-, Post-) kort kurt n,
(Land-) karta karta,
(Speise-) matsedel mahtsehdel
Kasse kassa kassa
Katze katt katt
kaufen köpa chöpa
Kaufmann köpman chöhpmann
Kaugummi
tuggummi tuggummi n
kaum knappast knappast
Kaution säkerhet sähkrheht
kein ingen ingen, intet intet
kennen känna chänna
kennenlernen
lära känna lära chänna
Kerze ljus jühs n
Kette kedja chehdja
Kind barn bahrn n

Kino bio biu
klar klar klahr
Klasse klass klass
Kleidung kläder klähdr
klein liten liten
Klima klimat klihmaht n
klingeln ringa (på) ringa (po)
klug klok kluhk
Knopf knapp knapp
kochen koka kuka
kochen (Essen machen)
laga mat lahga maht
König k(on)ung k(ohn)ung
Königin drottning drottning
können kunna kunna
Körper kropp kropp
Körperpflege kroppsvård kroppswohrd
Körperteil kroppsdel kroppsdehl
Kohle kol kohl n
Kollege kollega kollehga
kommen komma komma
kompliziert komplicerad komplisehrad
Kondom kondom kondohm
Konsulat konsulat konsulaht n
Kontakt kontakt kontackt
kontrollieren kontrollera kontrollehra
Kopf huvud hüwüd n
Kopie kopia kupihja
korrigieren korrigera korrischehra
korrekt korrekt korreckt
Kosten kostnader kosstnadr
kostenlos gratis grahtis
krank sjuk schük
Krankenhaus sjukhus schükhüs n
Krankenschwester sjuksköterska
schükschöteschka
Krankenwagen ambulans ambülanns
Kreuzung korsning koschning
Krieg krig krihg n
Küche kök chök n
kühl sval swahl
kühlen svalka swallka, kyla chyla
Künstler konstnär konstnähr

küssen kyssa chyssa
Küste kust kusst
Kultur kultur kultühr
Kunde kund kund
Kurs kurs kusch
kurz kort kort

L

lachen skratta skratta
Laden affär affähr
Lärm buller bullr
lästig besvärlig beswährli
Lampe lampa lampa
Land land land n
landen landa landa
Landsmann/männin
landsman lanndsmann, landsmaninna
lanndsmaninna
Landwirt/-in jordbrukare juhrdbrükare
Landwirtschaft jordbruk juhrdbrük n
lang lång long
langsam långsam longsamm
langweilig tråkig troki
lassen låta lota
laufen springa springa
laut hög höhg
leben leva lewa
Leben liv lihw n
Lebensmittel livsmedel lihwsmehdel n
lebe wohl! farväl farwähl
Leder skinn schinn n
ledig ogift uhjift
leer tom tumm
legen lägga lägga
lehren lära lära
Lehrer/-in lärare/lärarinna lärare/lärarinna
leicht lätt lätt
leider tyvärr tywärr
leihen låna lona
Leihgebühr låneavgift lohneahwjift
leise tyst tysst

Leiter stege stege
Leiter/-in ledare lehdare
Lenkrad (Auto) ratt ratt
lernen lära sig lära sej, läsa läsa
lesen läsa läsa
letzte sista sissta
Leute människor männischur
Licht ljus jüs n
lieb kär chär, snäll snäll
Liebe kärlek chährlehk
lieben älska älska
Liebling älskling älskling
liegen ligga ligga
liegenlassen glömma glömma
Linie linje linje
links till vänster till wännstr
loben berömma berömma
Loch hål hohl n
löschen släcka släcka
logisch logisk lohgisk
Lokal (Gastronomie)
restaurang restoranng
lüften vädra wädra
lügen ljuga jüga
Luft luft luft
lustig rolig ruli
Luxus lyx lyx

M

machen göra jöra
Mädchen flicka flicka
männlich manlig mannli
Mal gång gong
malen måla mola
man man mann
manchmal ibland iblannd
Maniküre manikyr manikyhr
Mann man mann
Mannschaft (Sport) lag lahg n;
(Schiff) besättning besättning
Markt torg torrj n, marknad marknad

Maschine maskin maschihn
Maß mått mott n
massieren massera massehra
Matratze madrass madrass
Maus mus müs
Meer hav hahw n
mehr mer mehr
mein min mihn
meinen mena mena
Meinung mening mehning
melden anmäla anmäla
Menge mängd mängd
Mensch människa männischa
merken märka märka
Messe mässa mässa
messen mäta mäta
mich mig mej
Miete hyra hyra
mieten hyra hyra
mild mild milld
minus minus mihnüs
Minute minut minüht
mir mig mej
Mißverständnis
missförstånd missföschtonnd
mit med meh
mitbringen ta med sig tah meh sej
mitfahren åka med oka meh
mitmachen vara med wahra meh
mitnehmen ta med sig tah meh sej
Mittag middag midda
Mitternacht midnatt middnatt
Mode mode mude
Möbel möbel möbel
mögen (möglich sein) må mo,
kunna kunna
mögen (wollen) vilja willja
mögen (gern haben)
tycka om tycka omm
möglich möjlig möijli
Monat månad monad
monatlich per månad per monad
Mond måne mone

Morgen morgon morron
morgen imorgon imorron
Motorrad motorcykel muhtursyckel
Mücke mygga mygga
müde trött trött
Mühe besvär beswähr n
Müll sopor supur (Pl.)
Münze mynt mynnt n
müssen (kein Inf.!); ich (usw.) muß
jag (osv) måste jah mosste
müssen (gezwungen sein)
vara tvungen (att) wahra twungen (att)
Museum museum muséum n
Musik musik musihk
Muster mönster mönnstr n
Mutter mor muhr

N

nach (Richtung) till till
nach (zeitlich) efter äftr
Nachbar/-in granne granne
nachher efteråt äftroht
Nachmittag eftermiddag äftrmidda
Nachricht meddelande mehddehlande
Nachrichten nyheter nyhhehtr
Nacht natt natt
Nachteil nackdel nackdehl
Nachtleben nattliv nattlihw n
Nadel nål nohl
nächste/-r/-s nästa nässta
Nagel nagel nahgel
nahe nära nära
Nahrungsmittel
livsmedel lihwsmehdel n
Nahverkehr lokaltrafik lukahltrafihk
Nahverkehrsmittel benutzen
åka kommunalt oka kommünahlt
Name namn nammn n
naß våt woht
Nation nation naschuhn
national nationell naschunell

140

Natur natur natühr
natürlich naturligtvis natührlitwihs, förstås föschtoss
natürlich (echt) naturlig natührli
neben bredvid brewihd
nehmen ta tah
nein nej nej
nennen kalla kalla
nervös nervös nerwöhs
netto netto nettu
Netz nät nät n
neu ny ny
neugierig nyfiken nyfiken
Neuigkeit nyhet nyhheht
nicht inte inte
nichts ingenting ingenting
nie aldrig alldri
niemand ingen ingen
niesen nysa nysa
noch än(nu) än(nü)
nötig nödvändig nöhdwändi
Norden (der) norden nuhrden
Norwegen Norge norrje
Norweger norrman norrmann
Norwegerin norska noschka
norwegisch norsk noschk
Norwegisch (Sprache) norska noschka
Notfall nödfall nöhdfall n
notieren anteckna annteckna
notwendig nödvändig nöhdwändi
nützlich nyttig nytti
Nummer nummer nummr n
nur bara bahra

oben uppe uppe
oder eller ellr
öffnen öppna öppna
Öffnungszeiten öppetider öppetihdr
Öl olja ollja
Österreich Österrike össtrrihke

Österreicher österrikare össtrrihkare
Österreicherin österrikiska össtrrihkiska
österreichisch österrikisk össtrrihkisk
Ofen ugn ungn
offen öppen öppen
offiziell officiell offisiell
oft ofta offta
ohne utan ütan
Ordnung ordning ohrdning
Ort ort urt, plats plats
Osten öster össtr
Ostsee östersjön össtrschön (best.)

Paar par pahr n
packen packa packa
Päckchen småpaket smohpakeht n
Paket paket pakeht n
Panne motorstopp muhturstopp n
Panorama panorama panorahma n
Papier papper pappr n
Park park pahk
parken parkera parkehra
Parkplatz
parkeringsplats parkehringsplats
Paß pass pass n
passen passa passa
passend lagom lahgomm
passieren hända hända
Pause rast rasst
Pech otur uhtühr
Pediküre pedikyr pedikyhr
Pelz (-mantel) päls pälls
Pelz (Fell) skinn schinn
persönlich personlig peschuhnli
Person person peschuhn
Personalien personalier peschunahlier
Pferd häst hässt
Pflanze planta planta, växt wäxt
planmäßig planmässig plahnmässi
Platz plats plats, ställe ställe

Platz (Markt-) torg torrj
plötzlich plötslig plötsli
plus plus pluss
Polizei polis pulihs
Post post post
Post (-amt) postkontor posstkontuhr n
Preis pris prihs n
prima jättebra, fint fihnt
privat privat priwaht
pro per per
probieren prova pruwa
Problem problem prublehm n
Prozent procent prusennt
prüfen pröva pröwa
Prüfung prövning pröwning
pünktlich punktlig punktli
Punkt punkt punkt
putzen städa städa

Q

Quadratmeter
kvadratmeter kwadrahtmehtr
Qualität kvalitet kwaliteht
Qualle manet maneht
Quelle källa chälla
Quittung kvitto kwittu

R

Rabatt rabatt rabatt
Radio radio rahdiu
Rand rand rand
Rasen gräsmatta grähsmatta
rasieren raka rahka
Rast rast rast, vila wila
Rat råd rohd n
Rathaus rådhus rohdhüs n
rauchen röka röka
Raum (Platz) utrymme ütrymme n

Raum (Wohn-) rum rumm n
Rauschgift narkotika narkohtika (Pl.)
rechnen räkna räkna
Rechnung räkning räkning,
Rechnung (Restaurant) nota nuta
rechts till höger till höhgr
Rechtsanwalt advokat adwukaht
rechtzeitig i rätt tid i rätt tihd
reden tala tahla
regelmäßig regelmässig rehgelmässi
regeln reglera reglehra
Regenschirm paraply paraplyh n
Regierung regering rejehring
Region region regiuhn
regnen regna rägna
reich rik rihk
Reifenservice däckservice däcksöhrwis
reinigen rengöra rehnjöra
Reinigung rengöring rehnjöring
Reinigung (chem.) kemtvätt chehmtwätt
Reise resa resa
Reiseführer resehandbok resehandbuk
reisen resa resa
Reisende resande rehsande
Reiseroute resrutt rehsrutt
reiten rida rida
Reklamation reklamation reklamaschuhn
Religion religion rellijuhn
rennen springa springa
Rentner/-in pensionär pangschunähr
Reparatur reparation reparaschuhn
Reparaturwerkstatt
reparationsverkstad
reparaschuhnswärrkstahd
reparieren reparera reparehra
reservieren (lassen)
reservera reserwehra
Rest rest rest
Restaurant restaurang restoranng
retten rädda rädda
Rezept recept reseppt n
richtig riktig rikti
Richtung riktning riktning

142

riechen lukta lukta
Ring ring ring
Risiko risk rissk
Rucksack ryggsäck ryggsäck
rufen ropa rupa
Ruhe lugn lungn
ruhig lugn lungn
rutschen glida glida

S

Saal sal sahl
Sache sak sahk
sagen säga säija
Saison säsong säsonng
salzig salt sallt
sammeln samla sammla
Sammlung samling sammling
satt mätt mätt
Satz sats sats
sauber ren rehn
saubermachen städa städa
Schade! Det var synd! deh wahr synd!
schaden skada skahda
Schaden skada skahda
schädlich skadlig skahdli
schämen (sich) skämmas schämmas
Schären skärgård schährgohrd
schätzen (achten) uppskatta uppskatta
schätzen värdera wärdehra
Schaf får fohr n
schaffen skapa skahpa
Schalter (Elektrik)
strömbrytare srömmbrytare
(Post) lucka lucka
scharf (Messer) skarp skarp
scharf (gewürzt) stark stark
Schatten skugga skugga
schauen titta titta
Schaufenster
skyltfönster schylltfönnstr n
Schauspieler

skådespelare skohdespehlare
Scheibe (Glas) ruta rüta
Scheibe (Brot) skiva schiwa
scheinen (Sonne) skina schina
schenken skänka schänka
Schere sax sax
schicken skicka schicka
schieben skjuta schüta
schießen skjuta schüta
Schild skylt schyllt n
Schiff skepp schepp n, båt boht
schimpfen skälla schälla
schlafen sova sowa
schlagen slå slo
Schlamm slamm slamm n
Schlange orm urm
schlank smal smahl
schlau slug slühg
Schlauch slång slong
schlecht dålig doli
schließen stänga stänga
schlimm dålig doli
Schloß (Palast) slott slott n
Schloß (Türschloß) lås lohs n
Schlüssel nyckel nyckel
Schluß slut slüt
schmal smal smahl
schmecken smaka smahka
schmerzen smärta smärta
schminken sminka sminka
Schmuck smycke smycke n
schmuggeln smuggla smuggla
schmutzig smutsig smuttsi
schnarchen snarka snarka
schneiden skära schära
Schneider skräddare skräddare
schneien snöa snöa
schnell snabb snabb
Schnur snöre snöre
schön vacker wackr
Schrank skåp skop n
schrecklich fruktansvärd fruktanswärd
schreiben skriva skriwa

Schreibwarengeschäft papershandel pappeschhandel

schriftlich skriftlig skrifftli

Schritt steg stehg n

Schüler/-in elev elehw

schützen skydda schydda

Schuh sko sku

Schuhmacher skomakare skuhmahkare

Schuld skuld skulld

Schule skola skula

Schutz skydd schydd

schwach svag swahg

Schwamm svamp swammp

schwanger gravid grawihd

Schwede svensk swennsk

Schweden Sverige swärrje

Schwedin svenska swennska

schwedisch svensk swennsk

Schwedisch (Sprache) svenska swennska

schweigen tiga tiga

Schweiz Schweiz schwejts

Schweizer schweizare schwejtsare

Schweizerin schweiziska schwejtsiska

schweizerisch schweizisk schwejtsisk

schwer tung tung

Schwester syster sysstr

schwierig svår swohr

Schwierigkeit svårighet swohriheht

Schwimmbad simhall simmhall

schwimmen simma simma

schwitzen svettas swettas

See (die) hav hav, **(der)** sjö schö

Segelboot segelbåt sehgelboht

sehen se seh

Sehenswürdigkeit sevärdhet sehwärdheht

Seife tvål twohl

Seil rep rehp

sein (Verb) vara wahra

seit sedan sehdan

Seite sida sida

Sekunde sekund sekunnd

selbst själv schällw

Selbstbedienung självbetjäning schällwbechähning

selten sällan sällan

Semesterferien terminslov termihnslohw

senden sända sända

servieren servera serwehra

Sessel fåtölj fotöllj

setzen sätta sätta

sicher säker säkr

Sicherheit säkerhet sähkrheht

Sicherung säkring säkring

sie (Pron., 3. Pers. Sing.) hon hunn; den denn, det deh, **(3. Pers. Pl.)** de domm

Sie (Höflichkeitsform) ni ni

Silber silver sillwr n

singen sjunga schunga

Situation situation situaschuhn

Sitzbank bänk bänk

sitzen sitta sitta

so så so

Sofa soffa soffa

sofort genast jehnast

Sohn son sohn

sollen skola skula

sondern utan ütan

Sonderangebot extrapris extraprihs n

Sonne sol suhl

Sonnenaufgang soluppgång suhluppgong

Sonnenbrille solglasögon suhlglahsögon (Pl.)

Sonnenschirm parasoll parasoll

Sonnenuntergang solnedgång suhlnehdgong

Souvenir suvenir suwenihr

spät sent sehnt

Spannung spänning spänning

sparen spara spahra

sparsam sparsam spahschamm

Spaß nöje nöije n

spazierengehen
gå ut och gå go üt ock go
Spaziergang promenad prumenahd
Speisekarte matsedel mahtsehdel
Spezialist/-in specialist spesialisst
speziell speciell spesiell
Spiegel spegel spegel
Spiel lek lehk n,
(Sport) match matsch
spielen (Kinder) leka leka
spielen spela spela
Spielzeug leksak lehksahk
Spiritus rödsprit röhdsprit
Spitze spets spetts
Sport sport sport, idrott ihdrott
Sprache språk sprohk n
Sprachführer parlör parlöhr
sprechen tala tahla
spülen (Geschirr) diska disska
Staat stat staht
Stadion stadion stahdion n
Stadt stad stahd
Stadtplan stadskarta stahdskarta
Stand stånd stonnd
stark stark stark
starten starta starta
Station station staschuhn
stattfinden äga rum äga rumm
Staub damm damm n
staunen bli förvånad bli förwohnad
stechen sticka sticka
Steckdose väggkontakt wäggkontakt
Stecker stickkontakt stickkontakt
Stecknadel knappnål knappnohl
stehen stå sto
stehenbleiben stanna stanna
stehlen stjäla schäla
steigen stiga stiga
Stein sten stehn
Stelle plats plats
stellen ställa ställa, sätta sätta
sterben dö dö
Stern stjärna schärna

Steuer (Abgabe) skatt skatt
Stich stick stick n
Stiefel stövel stöwel
Stimme stämma stämma
Stimmung (Feier)
stämning stämmning
stinken stinka stinka
Stockwerk våning wohning
stören störa störa
Störung störande störande n
Stoff tyg tyg n
stoppen stoppa stoppa
stornieren stornera stornehra
stoßen stöta stöta
Strafe straff straff n
Strand strand strand
Straße gata gahta
Straßenbahn
spårvagn spohrwangn
Streichholz
tändsticka tänndsticka
Streik strejk strejk
streiten strida strida
streiten (sich) bråka broka
Strömung (Wasser)
strömdrag strömmdrahg
Strom ström strömm
Stück stycke stycke n
Student/-in
studerande studehrande
studieren studera studehra
Studium studier stüdier (Pl.)
Stuhl stol stuhl
stumm stum stumm
Stunde timme timme
Sturm storm storm
suchen leta leta
Süden söder söhdr
süß söt söht
Summe summa summa
Sumpf sumpmark sumpmark
Swimmingpool
swimmingpool swimmingpuhl
sympathisch sympatisk sympahtisk

T

Tabak tobak tubak
Tablett bricka bricka
täglich dagligen dahgligen
Täter gårningsman jährningsmann
täuschen lura lura
täuschen (sich) missta sig misstah sej
Tafel tavla tahwla
Tag dag dahg
tagsüber
under dagens lopp unndr dahgens lopp
Tal dal dahl
tanken tanka tanka
Tankstelle bensinmack bensihnmack
tanzen dansa dannsa
Tasche (Hosen-) ficka ficka
Tasche (Hand-) väska wäska
Taschengeld
fickpengar fickpengar (Pl.)
Taschentuch näsduk näsdük
Tasse kopp kopp
tauchen dyka dyka
tauschen byta byta
Taxi taxi taxi
Tee te teh
Teil del dehl
teilen dela dela
teilnehmen delta dehltah
Telefax telefax telefax
Telefon telefon telefohn
telefonieren telefonera telefonehra
Telegramm telegram telegramm n
Teller tallrik tallrihk
Teppich matta matta
Termin (bestämd) tid (bestämmd) tihd,
avtalat möte ahwtahlat möte
Termin (Frist) frist frisst
Terrasse terrass terrass
teuer dyr dyr
Theater teater teahtr
Thema tema tema n
tief djup jühp

Tier djur jühr n
Tisch bord buhrd n
Tischtuch bordduk buhrddühk
Tochter dotter dottr
Tod död döhd
Toilette toalett toalett
Ton ton tuhn
Topf gryta gryta
tot död döhd
Tour tur tür
Tourist/-in turist türisst
träumen drömma drömma
Tradition tradition tradischuhn
tragen bära bära,
(Kleidung) ha på sig hah po sej
trampen lifta lifta
Traum dröm drömm
traurig ledsen lessen
treffen träffa träffa
trennen skilja schillja
Treppe trappa trappa
trinkbar drickbar drickbahr
trinken dricka dricka
Trinkgeld dricks dricks
Trinkwasser
dricksvatten drickswatten n
trocken torr torr
trocknen torka torrka
trösten trösta trössta
trotzdem ändå änndoh
trübe (Flüssigkeit)
grumlig grummli
trübe (Wetter) mulen mülen
tschüß hej då! hej do!
Tuch duk dük
Tuch (Lappen) trasa trahsa
Tür dörr dörr
Türschloß lås lohs n
Tüte påse pose
tun göra jöra
Tunnel tunnel tunnel
typisch typisk tyhpisk
Turm torn tuhrn n

U

üben öva öwa
über över öwr
überall överallt öwrallt
überblicken överblicka öwrblicka
Überfall överfall öhwrfall n
überfallen överfalla öwrfalla
überfüllt överfull öhwrfull
überholen köra om chöra omm
übernachten övernatta öwrnatta
Übernachtung
övernattning öwrnattning
überqueren korsa koscha
Überraschung
överraskning öwrrasskning
Überschwemmung
översvämning öhwrswämmning
übersehen (nicht beachten)
förbise förbihseh
übersetzen översätta öweschätta
überweisen överföra öwrföra
überzeugen övertyga öwrtyga
übrig kvar kwahr
Übung övning öwning
Ufer (Fluß) strand strand
Ufer (Meer) kust kusst
Uhr klocka klocka
Uhrmacher urmakare ührmahkare
um (gegen) vid wihd
um (herum) omkring ommkring
Umgebung omgivning omjihwning
Umkleideraum
omklädningsrum
ommklähdningsrumm n
umsonst (gratis) gratis grahtis
umsonst (vergebens)
förgäves förjähwes
Umstände (Mühe)
omständigheter ommständihehtr
umsteigen byta byta
umtauschen byta om byta omm
Umweg omväg ommwäg

Umweltschutz miljövård miljöhwohrd
umziehen (Wohnung) flytta flytta
umziehen (Kleider)
klä om sig klä omm sej
unabsichtlich oavsiktlig uh-ahwsiktli
unangenehm oangenäm uh-anjenäm
unbedingt absolut absolüht
unbekannt okänd uhchännd
unbequem obekväm uhbekwäm
unbestimmt obestämd uhbestämmd
und och ock
unecht oäkta uh-äkta
unerträglich odräglig uhdrägli
Unfall olycka uhlycka
unfreundlich ovänlig uhwänli
ungefähr ungefär unnjefähr
ungefährlich ofarlig uhfahrli
ungemütlich otrevlig uhtrehwli
ungewöhnlich ovanlig uhwahnli
unglaublich otrolig uhtruhli
Unglück olycka uhlycka,
Unglück (Pech) otur uhtur
ungültig ogiltig uhjillti
ungünstig ofördelaktig uhfördehlakti
unhöflich ohövlig uh-höhwli
Universität
universitet uniweschiteht n
unleserlich oläslig uhlähsli
unmöglich omöjlig uhmöijli
unnötig onödig uhnödi
unregelmäßig
oregelbunden uhregelbunden
unruhig orolig uhruhli
uns oss oss
unschuldig oskyldig uhschylldi
unser vår wohr
unten nere nehre
unterbrechen avbryta ahwbryta
Unterbrechung avbrott ahwbrott n
unterbringen
skaffa rum skaffa rumm, (Person)
inkvartera inkwartehra
Unterführung tunnel tunnel
unterhalten (sich) samtala sammtahla

unterhalten (sich) (sich vergnügen)
ha roligt hah ruhlit
Unterhaltung (Gespräch)
samtal sammtahl
Unterhaltung (Vergnügen)
underhållning unndrhollning
Unterkunft logi luschih n
unterrichten (Info)
underrätta unndrrätta
unterrichten (Schule)
undervisa unndrwihsa
unterschreiben
underteckna unndrteckna
Unterschrift underskrift unndrskrifft,
namnteckning nammteckning
Unterstützung understöd unndrstöhd n
untersuchen undersöka unndrschöka
unterwegs på väg(en) po wähg(en)
unverschämt oförskämd uhförschämd
unwichtig oviktig uhwikti
unzufrieden missnöjd missnöijd
Urlaub semester semesstr
Urteil dom dumm

V

Vater far fahr
verabreden (sich)
stämma möte stämma möte
Verabredung
avtalat möte ahwtahlat möte n
verabschieden (sich)
ta farväl tah farwähl
Veranstaltung
evenemang ewenemanng
verantwortlich ansvarig annswahri
Verbandszeug
förbandsartiklar förbanndsarticklar
verbessern förbättra förbättra
verbieten förbjuda förbjühda
verbinden förbinda förbinnda
Verbindung förbindelse förbinndelse

verboten förbjudet förbjühdet
verbrauchen förbruka förbrühka
verbrennen bränna upp bränna upp
verbringen tillbringa tillbrinnga
verdienen förtjäna förchähna
Verein förening förehning
vergehen (Zeit) förflyta förflyhta
vergessen glömma glömma
vergewaltigen våldta wolldtah
vergleichen jämföra jämmföra
vergnügen roa rua
Vergnügung nöje nöije n
vergoldet förgyllad förjyllad
verhaften arrestera arrestehra
verheiratet gift jifft
verhindern förhindra förhinndra
Verhütungsmittel
preventivmedel prewntihwmedel n
Verkauf försäljning föschälljning
verkaufen sälja sällja
Verkehr trafik trafihk
Verkehrsunfall
trafikolycka trafihkuhlycka
verlängern förlänga förlännga
Verlag förlag förlahg n
verlassen lämna lämmna
Verleih utlåning ütloning,
(Auto-, Fahrrad-)
uthyrning üthyrning
verletzen (sich)
skada sig skahda sej
verletzt skadad skahdad
Verletzung sår sohr n
verlieben (sich)
förälska sig förällska sej
verlieren
förlora förluhra, tappa tappa
Verlobte fästmö fässtmö
Verlobter fästman fässtmann
Verlust förlust förlusst
vermeiden undvika unndwika
vermieten hyra ut hyra üt
Vermietung
uthyrning üthyrning

Vermittlung
(för)medling förmehdling
Vermittlung (Telefon) växel wäxel
vermuten
förmoda förmuhda, **anta** anntah
verpassen missa missa
Verpflegung mat maht
verpflichtet sein
ha förpliktelse hah förplicktelse
verreisen resa bort resa bort
verschieben (zeitl.)
skjuta upp schüta upp
verschieden olik(a) uhlik(a)
verschlafen försova sig föschohwa sej
verschwinden försvinna föschwinna
versichern försäkra föschähkra
Versicherung försäkring föschähkring
versilbert försilvrat föschillwrat
Verspätung försening föschehning
versprechen (zusagen) lova luwa
Verständigung förståelse föschtoh-else,
kommunikation kommünikaschuhn
verstecken gömma jömma
verstehen förstå föschtoh
verstopft (Toil.)
vara stopp i wahra stopp i
Versuch försök föschöhk n
versuchen försöka föschöhka
verteidigen försvara föschwahra
verteilen fördela fördehla
Vertrag kontrakt kontrackt n
vertragen stå ut med sto üt meh
vertragen (Essen) tåla tola
Vertrauen förtroende förtruh-ende
Vertreter/-in (Handel)
representant representannt
verunglücken förolyckas föruhlyckas
verursachen förorsaka föruhschahka
verwandt släkt släckt
Verzeichnis förteckning förteckning,
katalog katalohg
Verzeihung! förlåt! förloht!
verzichten avstå ahwsto
verzollen deklarera deklarehra,

förtulla förtulla
viel mycket mycke
vielleicht kanske kannsche
Viertel fjärdedel fjährdedehl,
(Stadt-) kvarter kwartehr n
Villa villa willa
Vogel fågel fogel
Volk folk folk n
voll full full
Vollmacht fullmakt fullmakt
vollständig fullständig fullständi
Volt volt wollt
von från frohn, **(Passiv)** av ahw
vor (räumlich) framför frammför,
(zeitlich) före före
vor ... Tag/-en
för ... da(ga)r sen för ... dah(ga)r schenn
voraus, im i förväg föhrwäg
Vorauszahlung förskott föschkott
vorbereiten förbereda föhrberehda
Vorfall händelse händelse
Vorhang gardin gardihn,
förhänge föhrhänge n
vorher före före, förut förüht
vorläufig tillfällig tillfälli
Vormittag förmiddag förmiddag
vorn fram(till) framm(till),
framme framme
Vorname förnamn föhrnammn n
Vorort förort föhrurt
vorschlagen föreslå föhreslo
Vorschrift föreskrift föreskrift
Vorsicht försiktighet föschicktiheht
Vorsicht! se upp! seh upp!
vorsichtig försiktig föschickti
vorstellen presentera presentehra
Vorstellung
föreställning föhreställning
Vorteil fördel föhrdehl
Vortrag föredrag föhredrahg n
Vorurteil fördom föhrdumm

W

wachsen växa *wäxa*
wählen välja *wällja*
Währung valuta *walühta*
Wärme värme *wärme*
wärmen värma *wärma*
Wäsche tvätt *twätt*
Wagen (Eisenbahn) vagn *wangn*
Wahl val *wahl* n
Wahrheit sanning *sanning*
Wald skog *skuhg*
Wand vägg *wägg*
wandern vandra *wandra*
wann när *när*
warm varm *warm*
warnen varna *warna*
warten vänta *wännta*
warum varför *wahrför*
was vad *wah*
waschen tvätta *twätta*
Wasser vatten *watten* n
Wassersport vattensport *wattensport*
Watte vadd *wadd*, bomull *buhmull*
Wechselgeld växelpengar *wäxelpengar*
wechseln växla *wäxla*
wecken väcka *wäcka*
Wecker väckarklocka *wäckrklocka*
Weg väg *wäg*
weg bort *bort*
wegfahren fara bort *fahra bort*
weh tun göra ont *jöra unnt*
weiblich kvinnlig *kwinnli*
weich mjuk *mjük*
weil eftersom *äfftrschomm*
weinen gråta *grota*
weit vid *wihd*
(Weg) lång *long*
welche/r/s vilken/en/et *willken/en/et*
welche (Pl.) vilka *willka*
Welle våg *wohg*
Welt värld *währd*
wem åt vem *ot wemm*

wen vem *wemm*
wenig lite *lite*
wenn (Bedingung) om *omm*
wenn (Zeit) när *när*
wer vem *wemm*
Werbung reklam *reklahm*
werden bli *bli*
Werk verk *werk* n
Werkstatt verkstad *werrkstahd* n
Werktag vardag *wahrdahg*
Werkzeug verktyg *werktyg* n
Wert värde *wärde* n
Wertsachen
värdesaker *währdesahkr* (Pl.)
wertvoll värdefull *wärrdefull*
wessen vems *wemms*,
vilkens *willkens*, vars *wahsch*
Wespe geting *jehting*
Westen väster *wässtr*
Wettbewerb tävling *täwling*
Wette vad *wahd* n
Wetter väder *wähdr* n
wichtig viktig *wickti*
wie hur *hür*
wieder åter *ohtr*, igen *ijenn*
wiedergeben
ge tillbaka *jeh tillbahka*
wiederholen upprepa *upprepa*
wiederkommen
komma tillbaka *komma tillbahka*
wiedersehen återse *ohtescheh*
wiegen väga *wäga*
Wiese äng *äng*
wieviel hur mycket *hür mycke*
Wild vilt *willt* n
wir vi *wi*
Wirklichkeit
verklighet *werrkliheht*
Wirt värd *wärd*
Wirtshaus värdshus *wärdshüs* n
Wissen vetskap *wehtskahp*
Witz vits *witts*
Woche vecka *wecka*
Wochenende veckoslut *weckoslüt*

wöchentlich varje vecka warje wecka
Wörterbuch ordbok uhrdbuk
wofür varför wahrför
woher varifrån wahrifrohn
wohin vart wart
wohnen bo bu
Wohnort hemvist hemmwisst
Wohnung lägenhet lähgenheht
Wolle ull ull, **(bearbeitet)** ylle ylle n
wollen vilja willja
Wort ord uhrd n
wünschen önska önnska
wütend rasende rahsande
wunderbar underbar unndrbahr
Wunsch önskan önnskan

Z

zählen räkna räkna
Zahl tal tahl u
zahlen betala betahla
Zahlung betalning betahlning
Zahnarzt tandläkare tandläkare
Zeichen tecken tecken n
zeichnen teckna teckna
zeigen visa wisa
Zeit tid tihd
Zeitangabe
tidsuppgift tihdsuppjifft
Zeitschrift tidskrift tihdskrift
Zeitung tidning tihdning
Zelt tält tällt n
zentral central sentrahl
Zentrum centrum senntrüm n
Zettel (pappers)lapp (pappesch)lapp
Zeuge vittne wittne n
ziehen dra drah
Ziel mål mohl n
Zigarette cigarett sigarett
Zimmer rum rumm
Zoll tull tull
zu (Richtung) till till

zubereiten tillreda tillreda,
tillaga tillahga
Zündkerze tändstift tändstift n
zufrieden nöjd nöijd
Zug tåg tohg n
zuhören lyssna lyssna
Zukunft framtid frammtihd
zumachen stänga stänga
Zuname efternamn äfftrnammn n
zunehmen öka öka
zunehmen (Gewicht)
öka i vikt öka i wickt
zurück tilbaka tillbahka
zurückfahren
åka tillbaka oka tillbahka
zurückgeben
ge tillbaka jeh tillbahka
zurückzahlen
återbetala ohtrbetahla
zusammen
tillsammans tillsámmans
zuschauen
se på seh po
Zuschauer
åskådare ohskohdare
zuständig
ansvarig annswahri
zusteigen stiga på stiga po
Zutritt tillträde tillträde n
zuverlässig
tillförlitlig tillförlihtli
zuviel för mycket för mycke
Zweck ändamål änndamohl n
Zweifel tvivel twihwel
zweifeln tvivla twihwla
zwingen tvinga twinga
zwischen mellan mellan
Zwischenlandung
mellanlandning mellanlandning

A

adjö så länge auf Wiedersehen
affär Geschäft
afton Abend
anteckna notieren
adress Adresse
advokat Rechtsanwalt
affär Laden
agentur Agentur
aldrig nie
allmän allgemein
allt alles
alltid immer
ambassad Botschaft (Behörde)
ambulans Krankenwagen
andra andere
ankomma ankommen
ankomst Ankunft
anläggning Anlage
anlända landen, ankommen
anmäla anmelden
ansträngande anstrengend
ansvarig verantwortlich, zuständig
anta annehmen, vermuten
använda benutzen
apotek Apotheke
arbeta arbeiten
arbete Arbeit
arrestera verhaften
artig höflich
av aus, (Passiv) von
avbeställa abbestellen
avbrott Unterbrechung
avbryta unterbrechen
avböja ablehnen
avfall Abfall
avfart Ausfahrt

avgå abfahren
avgång Abfahrt
avgöra entscheiden
avresa abreisen
avsked Abschied
avstå verzichten
avstånd Abstand, Entfernung
avtalat möte Termin, Verabredung

B

bad Bad
bada baden
badort Badeort
bagage Gepäck
bana Bahn
bak hinten
bal Ball (Tanz)
bank Bank (Geldinstitut)
bara nur
barn Kind
barnbarn Enkel/-in
batteri Batterie
be beten, bitten
bedrägeri Betrug
begagnad gebraucht
begäran Bitte
behålla behalten
behöva brauchen
bekant Bekannte/-r
beklaga bedauern
bekväm bequem
bensinmack Tankstelle
beredd bereit
berg Berg
berusad betrunken
berätta erzählen

Schwedisch	Deutsch	Schwedisch	Deutsch
berömd berühmt		**bokhandel** Buchhandlung	
berömma loben		**boll** Ball (Sport)	
besiktning Besichtigung		**bomull** Watte	
beskriva beschreiben		**bondgård** Bauernhof	
beskrivning Beschreibung		**bord** Tisch	
beställa bestellen		**bordduk** Tischtuch	
beställning Bestellung		**bort** weg	
bestämd bestimmt		**bottenvåning** Erdgeschoß	
besviken enttäuscht		**bra** gut	
besvär Mühe		**brand** Brand	
besvär Beschwerde		**brandkår** Feuerwehr	
besvärlig lästig		**bred** breit	
besättning Besatzung		**bredvid** neben	
besöka besuchen		**brennen** bränna	
besökare Besucher		**brev** Brief	
betala zahlen		**bricka** Tablett	
betala kontant bar zahlen		**bror** Bruder	
betalning Zahlung		**brådskande** dringend	
betjäna bedienen		**bråka** (sich) streiten	
betjäning Bedienung		**bränna upp** verbrennen	
betyda bedeuten		**bröllop** Hochzeit	
betydelse Bedeutung		**bukt** Bucht	
bevis Beweis		**buller** Lärm	
bevisa beweisen		**burk** Dose	
beundra bewundern		**buss** Buss	
betala bezahlen		**by** Dorf	
bifall Beifall		**byggnad** Gebäude	
bil Auto		**byta** tauschen, (Zug) umsteigen	
biljett Fahrkarte		**byta om** umtauschen	
billig billig		**båt** Boot, Schiff	
bio Kino		**bänk** Sitzbank	
bita beißen		**bära** tragen	
bitter bitter		**bön** Bitte	
bjuda bieten		**börja** anfangen	
bjuda på anbieten		**början** Anfang	
blandat gemischt		**böter** Geldstrafe	
bli werden			
bli förvånad staunen			
blind blind			
blombukett Blumenstrauß			
blomma Blume			
bo wohnen			
bok Buch			

C

camping(plats) Camping(platz)
central zentral
centrum Zentrum, Innenstadt

charterflyg Charterflyg
chaufför Chauffeur, Fahrer
chef Chef
cigarett Zigarette
cykel Fahrrad

D

dag Tag
dagligen täglich
dal Tal
dam Dame
damfrisör Damenfriseur
damm Staub
dansa tanzen
datum Datum
de sie (Pl.)
de här diese (Pl.)
defekt defekt
deklarera verzollen
del Teil
dela teilen
delta teilnehmen
den här dieser/e/s
deponera hinterlegen
det es
det här dieser/e/s
Det var synd! Schade!
dig dich, dir
din dein
diska spülen (Geschirr)
djup tief
djur Tier
dom Urteil
dotter Tochter
dra ziehen
dricka trinken
drickbar trinkbar
dricks Trinkgeld
dricksvatten Trinkwasser
drottning Königin
dryck Getränk

dröm Traum
drömma träumen
du du
dubbel doppelt
duk Tuch
dum dumm
dyka tauchen
dyr teuer
då damals
då da (weil)
dålig schlecht, schlimm
däckservice Reifenservice
där da (örtl.), dort
därefter danach
därför deshalb
dö sterben
död Tod
död tot
dörr Tür

E

efter (zeitlich) nach
eftermiddag Nachmittag
efternamn Nachname
eftersom weil
efteråt nachher
eld Feuer
elda heizen
eldsläckare Feuerlöscher
elegant elegant
elev Schüler/-in
eller oder
enkel einfach
ensam allein, einsam
enskild einzeln
erbjuda bieten
ersätta ersetzen
er euch
er euer
Europa Europa
europé Europäer/-in

evenemang Veranstaltung
exempel Beispiel
extrapris Sonderangebot

F

fabrik Fabrik
fackman Fachmann
falla fallen
falsk falsch (Geld)
familj Familie
far Vater
fara Gefahr
fara bort wegfahren
farlig gefährlich
farväl lebe wohl!
fast egendom Immobilien
fattas fehlen
fattig arm
fel Fehler
fel falsch
fest Fest
festdag Festtag
fet fett
fett Fett
ficka Tasche (in Hose usw.)
fickpengar Taschengeld
filial Filiale
finns det gibt es
fin prima
fira feiern
fisk Fisch
fiska fischen
fjäll Gebirge
fjärdedel Viertel
flaska Flasche
flicka Mädchen
flitig fleißig
fluga Fliege
flyg Flug
flyga fliegen
flygplan Flugzeug

flygplats Flughafen
flyta fließen
flytta umziehen (Wohnung)
flytta (ut) ausziehen (Wohnung)
folk Volk
fotgängare Fußgänger
fotoaffär Fotogeschäft
fotografera fotografieren
fram(till) vorn
framför vor (räumlich)
framgång Erfolg
framme vorn
framtid Zukunft
frisk frisch, gesund
frist Frist
frisör Herrenfriseur
fru Frau (Anrede)
frukost Frühstück
fruktansvärd schrecklich
frysa frieren
fråga Frage
fråga fragen
från ab, aus, von
främmande fremd
främling Fremde/-r
fröken Fräulein
fuktig feucht
ful häßlich
full voll
fullmakt Vollmacht
fullständig vollständig
få bekommen, dürfen
fågel Vogel, (Kochen) Geflügel
får Schaf
fåtölj Sessel
fält Feld
fängelse Gefängnis
färdig fertig
färg Farbe
färggrann bunt
färja Fähre
fästman Verlobter
fästmö Verlobte

födelsedag Geburtstag
följa folgen
följa (med) begleiten
fönster Fenster
för für
för mycket zuviel
för tre dagar sen vor drei Tagen
föra führen
förbandsartiklar Verbandszeug
förbereda vorbereiten
förbinda verbinden
förbindelse Verbindung
förbise übersehen
förbjuda verbieten
förbjudet verboten
förbruka verbrauchen
förbättra verbessern
fördel Vorteil
fördela verteilen
fördelaktig günstig
fördom Vorurteil
före vor (vor einem Zeitpunkt)
före vorher
föredrag Vortrag
föremål Gegenstand
förening Verein
föreskrift Vorschrift
föreslå vorschlagen
föreställning Vorstellung
förflyta vergehen (Zeit)
förfriskning Erfrischung (Getränk)
förgylld vergoldet
förgäves vergebens
förhindra verhindern
förhänge Vorhang
förklara erklären
förkyla erkälten
förlag Verlag
förlora verlieren
förlust Verlust
förlåt! Entschuldigung!
förlänga verlängern
förmedling Vermittlung

förmiddag Vormittag
förmoda vermuten
förnamn Vorname
förolyckas verunglücken
förolämpa beleidigen
förorsaka verursachen
förort Vorort
försening Verspätung
försiktig vorsichtig
försiktighet Vorsicht
försilvrad versilbert
förskott Anzahlung, Vorauszahlung
förskräcka erschrecken
försova sig verschlafen
första erste/r/s
förstå verstehen
förståelse Verständigung, Verständnis
förstås natürlich
försvara verteidigen
försvinna verschwinden
försäkra versichern
försäkring Versicherung
försäljning Verkauf
försök Versuch
försöka versuchen
förteckning Verzeichnis
förtjäna verdienen
förtroende Vertrauen
förtulla verzollen
förut vorher
förvara aufbewahren
föräldrar Eltern
förälska sig verlieben

G

gammal alt
garage Garage
garderob Garderobe
gardin Vorhang
gastronomi Gastronomie
gata Straße

gatukök Imbißstand
ge geben
ge akt på beachten
ge på hand anzahlen
ge tillbaka wiedergeben
ge ut ausgeben
gemensam gemeinsam
genast sofort
genom durch
geting Wespe
gift verheiratet
gifta sig heiraten
giftig giftig gifti
giltig gültig
glas Glas
glass Speiseeis
glasögon Brille
glida rutschen
glädja freuen
glömma vergessen, liegenlassen
golv Fußboden
grader Grad
grammatik Grammatik
granne Nachbar/-in
gratis gratis
gratulation Glückwunsch
gratulera gratulieren
gravid schwanger
grumlig trübe (Flüssigkeit)
Grund grund
gryta Topf
gråta weinen
gräns Grenze
gräsmatta Rasen
gud Gott
guide Führer
Gold
gå gehen
gå ut ausgehen
gå ut och gå spazierengehen
gång Mal
gård Hof
gälla gelten

gärna gern
gärningsman Täter
gäst Gast
gästfrihet Gastfreundschaft
gästgivargård Gasthof
gömma verstecken
göra machen, tun
göra ont weh tun

H

ha haben
ha förpliktelse verpflichtet sein
ha roligt sich amüsieren
halv halb
han er
hand Hand
handikappad behindert
handikapp Behinderung
handla einkaufen
handväska Handtasche
hastig eilig
hav Meer
hej då! tschüß!
hel ganz
helgdag Feiertag
helig heilig
hembygd Heimat
hemland Heimatland
hemort Wohnort
hemresa Heimreise
hemvist Wohnort, Heimatadresse
herr Herr.
heta heißen
hjälp Hilfe
hjälpa helfen
hjärtlig herzlich
himmel Himmel
hiss Fahrstuhl
historia Geschichte
hitta finden
hittegodsavdelning Fundbüro

hobby Hobby
honom ihm, ihn
honorar Honorar
hoppas hoffen
hos bei (Person)
hosta husten
hotell Hotel
hun sie (Sg.)
hund Hund
hunger Hunger
hur wie
hur mycket wieviel
hus Haus
hushållningsartiklar
Haushaltsartikel
hustru Ehefrau
huvud Kopf
huvudstad Hauptstadt
hyra Miete
hyra mieten
hyra ut vermieten
hytt Kabine
hål Loch
hålla halten
hård hart
hälft Hälfte
hälla i einschenken
hälsa Gesundheit
hälsa grüßen
hälsa på begrüßen
hälsning Begrüßung
hämta abholen, holen
hända passieren
händelse Vorfall
hänga hängen
här hier
häst Pferd
höghoch
hög laut
höger rechts
höra hören
höra sig för sich erkundigen
hörn Ecke

I

i in
i förväg im voraus
i rätt tid rechtzeitig
iaktta beobachten
ibland manchmal
idag heute
idé Idee
identitetskort Ausweis
idrott Sport
igen wieder
igår gestern
imorgon morgen
inbjuda einladen
inbjudan Einladung
infart Einfahrt
informera informieren
införande Einführung
ingen kein
ingen niemand
ingenting nichts
ingång Eingang
inhemsk einheimisch
inkvartera (Person) unterbringen
inland Inland
innehåll Inhalt
inresa Einreise
insekt Insekt
inskriva eintragen
inte nicht
intet kein
intet nichts
inträde Eintritt
intressant interessant
intresse Interesse
intressera interessieren
intyg Bescheinigung
invånare Einwohner
is Eis

J

ja ja
jag ich
jord Erde
jordbruk Landwirtschaft
jordbrukare Landwirt/-in
juvelerare Juwelier
jämföra vergleichen
järnväg Eisenbahn
jättebra prima

K

kabel Kabel
kafé Café
kaffe Kaffee
kalas Fest
kalla nennen
kalt kalt
kamera Fotoapparat
kanal Kanal
kanske vielleicht
karta Landkarte, Stadtplan
kassa Kasse
katt Katze
kemtvätt (chem.) Reinigung
kedja Kette
kikare Fernglas
klagomål Beanstandung, Beschwerde
klar klar
klara av erledigen
klass Klasse
klimat Klima
klippa Felsen
klocka Uhr
klok klug
klä av (sig) ausziehen (Kleidung)
klä om (sig) umziehen (Kleidung)
klä på (sig) anziehen (Kleidung)
kläder Kleidung

knapp Knopf
knappast kaum
knappnål Stecknadel
koka kochen
kol Kohle
kollega Kollege
kom in! herein!
komma kommen
komma ihåg (sich) erinnern
komma tillbaka wiederkommen
kommunikation Verständigung
komplicerad kompliziert
kontor Büro
kondom Kondom
konstnär Künstler
konsulat Konsulat
kontrakt Vertrag
kontrollera kontrollieren
k(on)ung König
kopia Kopie
kopp Tasse
korrekt korrekt
korrigera korrigieren
korsa kreuzen, überqueren
korsning Kreuzung
kort Karte
kort kurz
kostnader Kosten
krig Krieg
kropp Körper
kroppsvård Körperpflege
kroppsdel Körperteil
kultur Kultur
kund Kunde
kunna können
kurs Kurs
kust Küste, Meeresufer
kvadratmeter Quadratmeter
kvalitet Qualität
kvar übrig
kvarter Viertel
kvinna Frau
kvinnlig weiblich

kvitto Quittung
kyla kühlen
kyssa küssen
källa Quelle
känd bekannt
känna fühlen
känna kennen
känna igen erkennen
känsla Gefühl
kär lieb
kärlek Liebe
kök Küche n
köpa kaufen
köpare Käufer
köpman Kaufmann
köra fahren
köra om überholen
körkort Führerschein
kött Fleisch

L

laga mat kochen (Essen machen)
lag Gesetz
lag Mannschaft (Sport)
lagom passend, gerade richtig
lampa Lampe
land Land
landa landen
landsman Landsmann/männin
landsmaninna
lapp Zettel, (Umgangssprache:) Banknote
lat faul
ledare Leiter/-in
ledig frei
ledsen traurig
legitimation Ausweis
lek Spiel
leka spielen (Kinder)
leksak Spielzeug
leta suchen
leva leben

lifta trampen
liftare Anhalter
ligga liegen
lik gleich, ähnlich
linje Linie
lite wenig
liten klein
liv Leben
livsmedel Lebensmittel
ljud Geräusch
ljuga lügen
ljus Licht
ljus Kerze
ljus hell
logi Unterkunft
logisk logisch
lokaltrafik Nahverkehr
lov Ferien
lova versprechen
lucka Schalter (Post)
luft Luft
lugn Ruhe
lugn ruhig
lugna beruhigen
lukt Geruch
lukta riechen
lura betrügen, täuschen
lyx Luxus
lycka Glück
lycklig glücklich
lyssna zuhören
låna leihen
låna ut ausleihen
låneavgift Leihgebühr
lång lang
långsam langsam
lås (Tür-)Schloß
låta lassen
lägenhet Wohnung
lägga legen
lägga till anlegen
läkare Arzt
lämna verlassen

lära lehren
lära känna kennenlernen
lära sig lernen
lärare/lärarinna Lehrer/-in
läsa lesen, (Fach, Sprache usw.) lernen, studieren
lätt leicht

M

madrass Matratze
magra abnehmen (an Gewicht)
make Ehemann
man man
man Mann
manet Qualle
manikyr Maniküre
manli g männlich
mark Feld, Boden
marknad Markt
maskin Maschine
massera massieren
mat Essen
matbit Imbiß
match (Sport) Spiel
matsedel Speisekarte
matta Teppich
med mit
meddelande Mitteilung, Nachricht
melden anmäla
mellanlandning Zwischenlandung
men aber
mena meinen
mening Meinung
mer mehr
middag Mittag, Abendessen
midnatt Mitternacht
mig mich, mir
mild mild
miljövård Umweltschutz
min mein
minne Andenken, Erinnerung

minnesmärke Denkmal
minus minus
minut Minute
missa verpassen
missförstånd Mißverständnis
missnöjd unzufrieden
missta sig sich irren (sich) täuschen
misstag Irrtum
mjuk weich
mode Mode
mor Mutter
morgon Morgen
mot gegen
motorcykel Motorrad
motorstopp Panne
motsats Gegenteil
motta annehmen, empfangen
mottagande Empfang
mottagare Empfänger
mulen trübe (Wetter)
mus Maus
museum Museum
musik Musik
mycket viel, (vor Adj.)sehr
mygga Mücke
myndighet Amt (Behörde)
mynt Münze
må mögen (möglich sein)
mål Ziel
måla malen
målning Gemälde
månad Monat
måne Mond
måste muß
mått Maß
mängd Menge
människa Mensch
märka merken
mässa Messe
mäta messen
mätt satt
möbel Möbel
möjlig möglich

mönster Muster
mörk dunkel
möta begegnen
möte Begegnung

N

nackdel Nachteil
nagel Nagel
namn Name
namnteckning Unterschrift
narkotika Rauschgift
nation Nation
nationell national
natt Nacht
nattliv Nachtleben
natur Natur
naturlig natürlich (echt)
naturligtvis natürlich
nej nein
nere unten
nervös nervös
netto netto
ni Sie (Höflichkeitsform), ihr
njuta (av) genießen
nog genug
norden (der) Norden
nota Rechnung (Restaurant)
nu jetzt
nummer Nummer
ny neu
nyckel Schlüssel
nyfiken neugierig
nyhet Neuigkeit
nyheter Nachrichten
nysa niesen
nyttig nützlich
nå erreichen
någon jemand
något etwas
några einige
nål Nadel

när wann,wenn
nära nahe
näsduk Taschentuch
nästa nächster/e/es
nästan fast
nät Netz
nödfall Notfall
nödvändig notwendig
nöjd zufrieden
nöje Spaß, Vergnügung

O

oangenäm unangenehm
oavsiktlig unabsichtlich
obekväm unbequem
obestämd unbestimmt
obs! Achtung!
observera! Achtung!
och und
också auch
odräglig unerträglich
ofarlig ungefährlich
officiell offiziell
ofreda belästigen
ofta häufig, oft
ofördelaktig ungünstig
oförskämd unverschämt
ogift ledig
ogiltig ungültig
ohövlig unhöflich
okänd unbekannt
olik(a) verschieden
olja Öl
olycka Unfall, Unglück
oläslig unleserlich
om um
om wenn (falls), ob
ombord an Bord
omgivelse Umgebung
omkring um, cirka, (zeitlich) gegen
omklädningsrum Umkleideraum

område Gebiet	**pedikyr** Pediküre
omständigheter Umstände (Mühe)	**pengar** Geld
omväg Umweg	**pensionär** Rentner/-in
omöjlig unmöglich	**per** pro
onödig unnötig	**per månad** monatlich
ord Wort	**person** Person
ordbok Wörterbuch	**personlig** persönlich
ordning Ordnung	**personalier** Personalien
oregelbunden unregelmäßig	**planmässig** planmäßig
orm Schlange	**planta** Pflanze
orolig unruhig	**plantering** Grünanlage
ort Ort	**plats** Platz, Stelle
oskyldig unschuldig	**plus** plus
oss uns	**plötslig** plötzlich
otrevlig ungemütlich	**pojke** Junge
otrolig unglaublich	**polis** Polizei
otur Pech (Pech haben)	**post** Post
ovanlig ungewöhnlich	**postkontor** Postamt
oviktig unwichtig	**precis** genau
ovänlig unfreundlich	**pris** Preis
oäkta unecht	**present** Geschenk
	presentera (Person) vorstellen
	preventivmedel Verhütungsmittel
	privat privat
	problem Problem

P

	procent Prozent
packa packen	**promenad** Spaziergang
packa upp auspacken	**prova** probieren, anprobieren
paket Paket	**punkt** Punkt
papper Papier	**punktlig** pünktlich
pappershandel Schreibwarengeschäft	**på** auf
par Paar	**på vägen** unterwegs
paraply Regenschirm	**pålägg** Aufschnitt
parasoll Sonnenschirm	**påse** Tüte
parfymeri Drogerie	**påskrift** Aufschrift (Schild)
parfymeriartiklar Drogerieartikel	**päls** Fell, Pelzmantel
park Park	**pröva** prüfen
parkera parken	**prövning** Prüfung
parkeringsplats Parkplatz	
parlör Sprachführer	
pass Paß	
passa passen	
passa på aufpassen	
passagerare Fahrgast	

R

rabatt Rabatt, Ermäßigung
radio Radio
rak gerade
raka rasieren
rand Rand
rasende wütend
rast Pause, Rast
ratt Lenkrad (Auto)
recept Rezept
regelmässig regelmäßig
regering Regierung
region Region
reglera regeln
regna regnen
reklam Werbung
reklamation Reklamation
rekommendera empfehlen
rekreation Erholung
religion Religion
ren sauber
rengöra reinigen
rengöring Reinigung
rep Seil
reparation Reparatur
reparationsverkstad Reparaturwerkstatt
reparera reparieren
representant Vertreter/-in (Handel)
resa Reise
resa reisen
resa bort verreisen
resa in einreisen
resa ut (ur landet) ausreisen
resande Reisende
resehandbok Reiseführer
reservdel Ersatzteil
reservera reservieren (lassen)
resrutt Reiseroute
rest Rest
restaurang Restaurant, Lokal
resultat Ergebnis

rida reiten
rik reich
riktig richtig
riktning Richtung
ring Ring
ringa (på) klingeln
ringa (upp) anrufen
risk Risiko
roa sig sich amüsieren
rolig lustig
ropa rufen
rum Zimmer
ruta Scheibe (Glas)
ryggsäck Rucksack
råd Rat
rådhus Rathaus
rädda retten
räkna rechnen, zählen
räkning Rechnung
rätt Gericht
rödsprit Spiritus
röka rauchen
röra (sig) (sich) bewegen

S

sal Saal
sak Ding, Sache
salt Salz
salt salzig
samla sammeln
samling Sammlung
samtal Gespräch
samtala sich unterhalten (Gespräch)
sanning Wahrheit
sats Satz
sax Schere
Schweiz Schweiz
schweizare Schweizer
schweiziska Schweizerin
schweizisk schweizerisch
se sehen

se på zuschauen	**sko** Schuh
se upp! Achtung! Vorsicht!	**skog** Wald
sedan seit	**skola** Schule
segelbåt Segelboot	**skola** sollen
sekund Sekunde	**skomakare** Schuhmacher
semester Ferien, Urlaub	**skratta** lachen
semesterlägenhet Ferienwohnung	**skriftlig** schriftlich
sent spät	**skriva** schreiben
servera servieren	**skrivbok** Heft
sevärdhet Sehenswürdigkeit	**skräddare** Schneider
sida Seite	**skugga** Schatten
silver Silber	**skuld** Schuld
simhall Schwimmbad	**skydd** Schutz
simma schwimmen	**skydda** schützen
sista letzte	**skylt** Schild
situation Situation	**skyltfönster** Schaufenster
sitta sitzen	**skynda sig** sich beeilen
sjuk krank	**skådespelare** Schauspieler
sjukhus Krankenhaus	**skåp** Schrank
sjuksköterska Krankenschwester	**skälla** schimpfen
sjunga singen	**skämmas** schämen (sich)
själv selbst	**skänka** schenken
självbetjäning Selbstbedienung	**skära** schneiden
sjö See (der)	**skärgård** Schären
skinn Leder, Fell, Pelz	**slag** Art
skjuta upp verschieben (zeitl.)	**slamm** Schlamm
skada Schaden	**slott** Schloß (Palast)
skada schaden	**slug** schlau
skada (sig) (sich) verletzen	**slut** Schluß
skadad verletzt	**slut** aufgebraucht, ausverkauft
skadlig schädlich	**sluta upp** aufhören
skaffa besorgen	**slutsåld** ausverkauft
skapa (er)schaffen	**slå** schlagen
skarp scharf	**slång** Schlauch
skatt Steuer (Abgabe)	**släcka** löschen
skepp Schiff	**släkt** verwandt
skicka schicken	**smak** Geschmack
skiva Scheibe (Brot)	**smaka** schmecken
skild getrennt	**smal** schlank, schmal
skilja trennen	**sminka** schminken
skina scheinen (Sonne)	**smuggla** schmuggeln
skjuta schieben	**smutsig** schmutzig
skjuta schießen	**smycke** Schmuck

småpaket Päckchen	**sten** Stein
smärta schmerzen	**sticka** stechen
snabb schnell	**stickkontakt** Stecker
snarka schnarchen	**stiga** steigen
snart bald	**stick** Stich
snygg hübsch	**stiga in** einsteigen
snäll freundlich, lieb	**stiga på** zusteigen
snöa schneien	**stiga upp** aufstehen
snöre Schnur	**stinka** stinken
soffa Sofa	**stjäla** stehlen
sol Sonne	**stjärna** Stern
solglasögon Sonnenbrille	**stol** Stuhl
solnedgångSonnenuntergang	**stopp!** halt!
soluppgång Sonnenaufgang	**stoppa** stoppen
sommarstuga Ferienhaus	**stor** groß
somna einschlafen	**storlek** Größe
son Sohn	**storm** Sturm
sopor Müll	**stornera** stornieren
sort Art	**straff** Strafe
sova schlafen	**strand** Strand, (Fluß) Ufer
spara sparen	**strax** gleich (zeitlich)
sparsam sparsam	**strejk** Streik
specialist Spezialist/-in	**strida** streiten
speciell speziell	**ström** Strom
spegel Spiegel	**strömbrytare** Schalter (Elektrik)
spela spielen	**strömdrag** Strömung (Wasser)
spets Spitze	**stryka** bügeln
sport Sport	**studera** studieren
springa laufen, rennen	**studerande** Student/-in
språk Sprache	**studium** Studium
spårvagn Straßenbahn	**stum** stumm
spänning Spannung	**stycke** Stück
stadion Stadion	**stå** stehen
stad Stadt	**stå ut med** vertragen
stanna (an)halten, bleiben	**stånd** Stand
stark stark	**städa** saubermachen, putzen
stark scharf gewürzt	**ställa** stellen
starta starten	**ställe** Platz, Stelle
stat Staat	**stämma** Stimme
station Station	**stämma möte** sich verabreden
steg Schritt	**stämning** Stimmung (Feier)
stege Leiter	**stänga** schließen
steka braten	**stängd** geschlossen

störa stören	**T**
störande Störung	
stöta stoßen	
stövel Stiefel	**ta** nehmen
summa Summe	**ta av** abnehmen
sumpmark Sumpf	**ta avsked** Abschied nehmen
sund gesund	**ta bort** wegbringen, wegnehmen
suvenir Souvenir	**ta farväl** sich verabschieden
svag schwach	**ta hänsyn till** beachten, berücksichtigen
sval kühl	**ta med (sig)** mitbringen, mitnehmen
svalka kühlen	**tacka** danken
svamp Schwamm, Pilz	**tak** Decke (Zimmer)
svar Antwort	**tal** Zahl
svara antworten	**tala** reden, sprechen
svensk Schwede	**tallrik** Teller
svensk schwedisch	**tandläkare** Zahnarzt
svenska Schwedin	**tanka** tanken
svenska Schwedisch (Sprache)	**tappa** verlieren
Sverige Schweden	**tavla** Tafel
svettas schwitzen	**te** Tee
svår schwierig	**tecken** Zeichen
svårighet Schwierigkeit	**teckna** zeichnen
sympatisk sympathisch	**telefax** Telefax
syskon Geschwister	**telefon** Telefon
syster Schwester	**telefonera** telefonieren
så so	**telegram** Telegramm
sår Verletzung	**terminslov** Semesterferien
säga sagen	**Terrasse** terrass
säker sicher	**terräng** Gelände
säkerhet Sicherheit	**Theater** teater teahtr
säkerhet Kaution	**Thema** tema n
säkring Sicherung	**tid** Zeit
sälja verkaufen	**tid** (Arzt, Friseur usw.) Termin
sällan selten	**tidig** früh
sända senden	**tidning** Zeitung
säng Bett	**tidskrift** Zeitschrift
särskilt besonders	**tidsuppgift** Zeitangabe
säsong Saison	**tiga** schweigen
sätta setzen, stellen	**till** bis
sätta på einschalten (Motor,Radio)	**till** (Richtung) nach, zu
söder Süden	**till höger** rechts
sönder kaputt	**till vänster** links
söt süß	**tillaga** zubereiten
	tilbaka zurück

tillbringa verbringen
tillfällig vorläufig
tillförlitlig zuverlässig
tillgodokvitto Gutschein
tillhöra gehören
tillreda zubereiten
tillsammans zusammen
tilltala anreden
tillträde Zutritt
tillåta erlauben, gestatten
tillåtelse Erlaubnis
timme Stunde
titta schauen
tjock dick
tjänst Dienst
toalett Toilette
tobak Tabak
tom leer
ton Ton
torg Markt(platz)
torka trocknen
torn Turm
torr trocken
tradition Tradition
trafik Verkehr
trafikolycka Verkehrsunfall
trakt Gegend
trappa Treppe
trasa Tuch (Lappen)
trasig kaputt
trevlig angenehm, gemütlich
tro Glaube
tro glauben
trycka drücken
tråd Draht, Faden
tråkig langweilig
trång eng
trä Holz
träd Baum
trädgård Garten
träffa treffen
trösta trösten
trött müde

tuggummi Kaugummi
tull Zoll
tung schwer
tunn dünn
tunnel Tunnel
tur Tour, Fahrt
turist Tourist/-in
turistbyrå Fremdenverkehrsbüro/-amt
tvinga zwingen
tvivel Zweifel
tvivla zweifeln
tvål Seife
tvätt Wäsche
tvätta waschen
tycka om mögen
tyg Stoff
typisk typisch
tysk deutsch
tysk Deutscher
tyska Deutsch (Sprache)
tyska Deutsche
Tyskland Deutschland
tyst leise
tyvärr leider
tåg Zug
tåla ertragen, vertragen (auch Essen)
täcke Decke (Bett)
tält Zelt
tända anmachen, einschalten (Licht, Gas)
tändare Feuerzeug
tändsticka Streichholz
tändstift Zündkerze
tänka denken
tävling Wettbewerb

U

ugn Ofen
ull Wolle
undantag Ausnahme
under dagens lopp tagsüber
underbar wunderbar

underhållning Unterhaltung (Vergnügen)
underrätta unterrichten (Information)
underskrift Unterschrift
understöd Unterstützung
undersöka untersuchen
underteckna unterschreiben
undervisa unterrichten (Schule)
undvika vermeiden
ung jung
ungdom Jugend
ungefär ungefähr
universitet Universität
uppe oben
uppehåll Aufenthalt
uppfostran Erziehung
upplysning Auskunft
upprepa wiederholen
uppskatta schätzen, achten
upptagen besetzt
uppvärma heizen
urmakare Uhrmacher
ursäkt Entschuldigung
ursäkta entschuldigen
ursäkta! Entschuldigung!
utan ohne, sondern
ute draußen
utfart Ausfahrt
utflykt Ausflug
utgång Ausgang
uthyrning Verleih, Vermietung
utifrån von außen
utlandet das Ausland
utlandssamtal Auslandsgespräch
utlåning Verleih
utlänning Ausländer
utpressa auspressen, erpressen
utrustning Ausstattung
utrymme Raum (Platz)
utsikt Aussicht
uttal Aussprache
uttala aussprechen
utåt nach außen

V

vaccinera impfen
vacker hübsch, schön
vad was
vad Wette
vadd Watte
vagn Wagen (Eisenbahn)
val Wahl
valuta Währung
vandra wandern
var snäll och bitte (Aufforderung)
var så god bitte (Antwort auf Dank)
vara sein (Verb)
vara dauern
vana Gewohnheit
vara med mitmachen
vara stopp i verstopft sein (WC)
vara tvungen (att) gezwungen sein, müssen
vara törstig Durst haben
vara god vän med befreundet sein
varaktighet Dauer
vardag Werktag
varför warum, wofür
varifrån woher
varje jeder
varje vecka wöchentlich
varm heiß, warm
varna warnen
vart wohin
vatten Wasser
vattensport Wassersport
vecka Woche
veckoslut Wochenende
vem wem, wen, wer
vems wessen
verk Werk
verklighet Wirklichkeit
verkstad Werkstatt
verktyg Werkzeug
vetskap Wissen
vi wir

vid an, bei, (Uhrzeit) gegen
vid weit
vikt Gewicht
viktig wichtig
vila Pause, Rast
vila upp (sig) (sich) erholen
vilja wollen
vilka welche (Pl.)
vilken/en/et welche/r/s
vilt Wild
vinlista Getränkekarte
vinna gewinnen
visa zeigen
vits Witz
vittne Zeuge
volt volt
vuxen Erwachsene/-r
våg Welle
våldta vergewaltigen
våning Stockwerk
vår unser
våt naß
väcka wecken
väckarklocka Wecker
väg Weg
väder Wetter
vädra lüften
vän/väninna Freund/-in
vänlig freundlich
väga wiegen
vägg Wand
väggkontakt Steckdose
vägra ablehnen
välja wählen
vänster links
vänta erwarten
vänta warten
värd/inna Gastgeber/-in,
Wirt/-in
värde Wert
värdefull wertvoll
värdera schätzen
värdesaker Wertsachen

värdshus Wirtshaus
värld Welt
värma wärmen
värme Wärme
väska Handtasche
väster Westen
vätska Flüssigkeit
växa wachsen
växel Vermittlung (Telefon)
växelpengar Wechselgeld
växla wechseln
växt Pflanze

Y

ylle (bearbeitete) Wolle
yrke Beruf

Å

å Flüßchen
åka fahren
åka kommunalt
Nahverkehrsmittel benutzen
åka med mitfahren
åka tillbaka zurückfahren
åker Feld (Acker)
ålder Alter
år Jahr
årligen jährlich
årstid Jahreszeit
åsikt Ansicht (Meinung)
åskådare Zuschauer
åt für (Person), in (Richtung)
åter wieder
återbetala zurückzahlen
återse wiedersehen

Ä

äga rum stattfinden
ägare Besitzer, Eigentümer
äkta echt
äkta par Ehepaar
älska lieben
älskling Liebling
älv Fluß
ämbetsverk Amt (Behörde)
än(nu) noch
ändamål Zweck
ändå trotzdem
äng Wiese
ära Ehre
äta essen

Ö

ö Insel
öka zunehmen (auch Gewicht)
öm empfindlich
ömtålig empfindlich
önska wünschen
önskan Wunsch
öppet geöffnet
öppetider Öffnungszeiten
öppna aufmachen, öffnen
öppnande Eröffnung
öster Osten
österrikare Österreicher
Österrike Österreich
österrikisk österreichisch
österrikiska Österreicherin
östersjön die Ostsee
öva üben
över über
överallt überall
överblicka überblicken
överfall Überfall
överfalla überfallen

överfull überfüllt
överföra überweisen
övernatta übernachten
övernattning Übernachtung
överraskning Überraschung
översvämning Überschwemmung
översätta übersetzen
övertyga überzeugen
övning Übung